道路运输驾驶员
心理健康手册

孙 云 李梦霄 主编

人民交通出版社股份有限公司
北京

内 容 提 要

本书将心理健康知识与道路运输驾驶员心理保健需要相结合，主要介绍心理健康与幸福人生，认识自我与完善人格，心理认知与驾驶安全，情绪管理与情商培养，压力、挫折与危机应对，驾驶员的身心保健等内容。目的是帮助驾驶员更好地了解自己，利用心理学知识来维护自己的健康，让人生更幸福，让驾驶更安全，让社会更满意。

本书可作为道路运输驾驶员心理健康培训教材和自学用书，也可作为广大私家车驾驶员的兴趣读物。

图书在版编目(CIP)数据

道路运输驾驶员心理健康手册 / 孙云，李梦霄主编. — 北京：人民交通出版社股份有限公司，2022.3
ISBN 978-7-114-17710-1

Ⅰ. ①道… Ⅱ. ①孙… ②李… Ⅲ. ①道路运输—驾驶员—心理健康—手册 Ⅳ. ①U471.3-62

中国版本图书馆CIP数据核字(2021)第233152号

Daolu Yunshu Jiashiyuan Xinli Jiankang Shouce

书　　　名：	道路运输驾驶员心理健康手册
著 作 者：	孙　云　李梦霄
责任编辑：	黎小东
责任校对：	孙国靖　龙　雪
责任印制：	刘高彤
出版发行：	人民交通出版社股份有限公司
地　　　址：	(100011) 北京市朝阳区安定门外外馆斜街3号
网　　　址：	http://www.ccpcl.com.cn
销售电话：	(010) 59757973
总 销 售：	人民交通出版社股份有限公司发行部
经　　销：	各地新华书店
印　　刷：	北京市密东印刷有限公司
开　　本：	787×980　1/16
印　　张：	10
字　　数：	180千
版　　次：	2022年3月　第1版
印　　次：	2022年3月　第1次印刷
书　　号：	ISBN 978-7-114-17710-1
定　　价：	45.00元

(有印刷、装订质量问题的图书由本公司负责调换)

《道路运输驾驶员心理健康手册》

编写委员会

主　　编：孙　云　李梦霄

副 主 编：孙　龙　王梦娜　谢玉波

参编人员：沈　悦　张　菁　李　浪　姚　馨　黄列霞

　　　　　唐娟瑶　黄椿舒　熊　琳　陈　莉　孙建强

　　　　　邱　宇　陈　强　杨光伟　董泽武　周　萍

美术编辑：孙鹤瑜　杨奇威　罗瑾琇

PREFACE 前言

　　道路运输驾驶员以汽车驾驶工作为职业,是道路交通安全的主要参与者,他们的身心健康关系到人民群众的生命财产安全。近年来多次发生因驾驶员心理问题导致的恶性交通事故,把驾驶员心理健康问题推上了风口浪尖。由于驾驶员工作空间狭小,工作姿势单一,需要长时间单独完成工作并持续集中注意,精力和体力消耗较大,因此,驾驶员必须具备良好的心理素质,才能保证驾驶安全。

　　党的十九大报告提出:"加强社会心理服务体系建设,培育自尊自信、理性平和、积极向上的社会心态。"这体现了党和国家对社会心理健康的高度重视。新修订的《中华人民共和国安全生产法》第四十四条规定:"生产经营单位应当关注从业人员的身体、心理状况和行为习惯,加强对从业人员的心理疏导、精神慰藉,严格落实岗位安全生产责任,防范从业人员行为异常导致事故发生。"这从法律上要求行业企业做好驾驶员的心理服务工作。

　　本书作者多年从事驾驶员心理研究,使用自主研发的道路运输驾驶员心理适宜性测评系统,对5万多名职业汽车驾驶员进行了测评。测评结果显示,驾驶员的综合心理素质与交通事故显著相关。大多数驾驶员乐观开朗、热爱工作;但也有部分驾驶员用无奈、被动的心态看待自己的工作,用消极悲观的态度对待生活中出现的问题,长此以往,不仅会影响他们的身心健康,也会影响驾驶安全。

　　为了推动开展驾驶员心理健康服务工作,关心驾驶员心理健康和人生幸福,帮助驾驶员处理心理问题、培养积极心态,我们编写了本书,作为驾驶员心理保健的普及性知识读物。全书共六讲，主要内容包括：心理健康与幸福人生、认识自我与完善人格、心理认知与驾驶安全、情绪管理与情商培养、压力调适与挫折应对、驾驶员的身心保健。本书结合驾驶员文化水平特点，将心理学知识和心理健康保健技能用通俗易懂的语言进行讲解，具有较强的趣味性和实用性。

在本书编写过程中，我们得到了行业多位领导和专家的指导和帮助，许多驾驶员朋友在内容方面也给予了诸多诚恳的建议，人民交通出版社股份有限公司黎小东副编审多次审阅书稿并提出了修改建议。在此一并表示衷心的感谢！

由于编者水平和精力有限，对职业驾驶员的调查和了解尚存局限，加之驾驶员职业心理学方面可供参考的资料也不够丰富，本书难免存在不足之处，恳请读者批评指正；意见和建议欢迎发送至邮箱：641698780@qq.com。

编　者

2022年2月

CONTENTS 目录

第一讲　心理健康与幸福人生

第一节　健康从健心开始——驾驶员心理保健入门 / 002
　　一、健康与心理健康 / 002
　　二、心理健康的自我维护 / 006
第二节　心安稳、路平安——驾驶员心理素质要求 / 012
　　一、职业驾驶及特点 / 012
　　二、驾驶员的心理素质要求 / 014
　　三、驾驶员的职业道德 / 015
第三节　寻找幸福的密码——快乐工作、幸福生活 / 020
　　一、认识幸福 / 020
　　二、怎样成为一个幸福的人 / 022
　　三、做一名快乐幸福的驾驶员 / 024

第二讲　认识自我与完善人格

第一节　我是一个什么样的人——认识真实的自己 / 028
　　一、认识自我 / 029

二、塑造积极的自我形象 / 030

三、驾驶员的角色意识与定位 / 034

第二节　我可以变得更好——塑造健全人格 / 038

一、人格的心理特征 / 038

二、人格的健全和优化 / 043

第三节　我适合做驾驶员吗——人格与驾驶安全 / 045

一、驾驶员的核心人格特质与检测 / 046

二、感觉寻求人格特质与驾驶安全 / 047

三、攻击性特质与驾驶安全 / 048

第三讲　心理认知与驾驶安全

第一节　确认安全再出发——驾驶员的感知觉能力 / 052

一、认识感知觉 / 052

二、视知觉与错觉 / 053

第二节　危险就在一瞬间——驾驶员的注意 / 057

一、注意 / 057

二、驾驶中常见的注意不集中现象 / 059

三、注意力的改善 / 060

第三节　坚持才能到达终点——驾驶员的需要和意志 / 063

一、需要 / 063

二、意志 / 064

第四节　精力充沛才行车——疲劳与驾驶安全 / 067

一、驾驶疲劳 / 067

二、驾驶疲劳的表现 / 070

三、驾驶疲劳的预防措施 / 072

第四讲　情绪管理与情商培养

第一节　我的情绪我做主——情绪管理 / 076

一、情绪 / 076

二、消极情绪及调控 / 079
　　三、积极情绪及培养 / 082
第二节　我不是孤岛——人际交往能力的培养 / 086
　　一、认识人际关系 / 087
　　二、做一个高情商的人 / 090
　　三、做一个知恩感恩的人 / 093

第五讲　压力、挫折与危机应对

第一节　今天你紧张吗？——压力调适 / 098
　　一、压力 / 098
　　二、驾驶员常见的压力及应对 / 101
　　三、疫情压力下的自我关爱 / 105
第二节　在逆境中前行——挫折应对 / 109
　　一、挫折 / 109
　　二、积极应对挫折 / 111
第三节　生命只有一次——珍爱生命与应对心理危机 / 114
　　一、生命 / 114
　　二、驾驶员心理危机与预防措施 / 117
　　三、交通事故心理危机急救 / 118
第四节　我的心好累——驾驶员职业倦怠 / 122
　　一、职业倦怠 / 122
　　二、职业心态的五个阶段 / 123
　　三、应对职业倦怠的策略 / 124

第六讲　驾驶员的身心保健

第一节　和老毛病说再见——驾驶员常见职业病及预防 / 130
　　一、驾驶员常见职业病 / 130
　　二、驾驶员职业病的预防 / 132

第二节　保持清醒的头脑——酒驾、药驾与睡眠不足的危害 / 136
　　一、酒驾 / 137
　　二、服药对安全驾驶的影响 / 138
　　三、睡眠不足 / 140
第三节　吃出来的快乐——饮食营养与心理健康 / 143
　　一、营养缺乏和生化失调带来的心理健康问题 / 143
　　二、通过最佳营养提高心理素质 / 145

参考文献 / 148

第一讲

FIRST LECTURE

心理健康与幸福人生

第一节　健康从健心开始——驾驶员心理保健入门

心理名言

必须让人们认识到，健康并不代表一切，但失去了健康，便失去了一切。

——马勒博士

案例导入

心理健康影响驾驶工作

2019年11月，某省会城市公交公司组织开展驾驶员心理测评。指导测评的心理老师看到有一位50岁左右的男驾驶员心理健康因子得分非常低，就问他："是不是觉得心里特别难受？"他点点头。心理老师又问："愿意和我聊一聊吗？"他说："好的。"经咨询发现，原来这个驾驶员两次婚姻都不顺利，没有孩子，还要照顾生病的母亲，心理压力特别大，导致长期失眠。由于上班无精打采，屡次出现失误，已经被停止驾驶工作两个月了。驾驶工作停止以后，收入减少，他心理压力更大，非常苦闷。

心理健康影响驾驶工作

在上述案例中，根据这位驾驶员的心理测评和咨询情况，判断他疑似有精神健康问题，已经影响到他的社会功能，导致他无法完成驾驶工作，需要到专业精神卫生机构就诊。但由于公司管理人员缺乏心理学专业知识，认为是这个驾驶员责任心不强，没有认真工作，于是给他做思想工作，却没有收到任何效果。

自古以来，健康就是人类谈论的永恒话题，并被视为人生的第一需要。然而什么是健康？健康和心理健康之间是什么关系？

一、健康与心理健康

当我们的身体生病了，我们会自觉地去看医生、吃药，也会很自然地告诉别人自己病了。但当我们的心理生病了,却往往得不到这么好的待遇,不仅自己会讳疾忌医,别人也会认为这些病是"性格"问题,甚至认为就是"作",是装病,根本不会把一些异常的心理状态或行为同心理健康联系起来。需要指出的是,就像我们每一个人的身体一样,心理也会生病,心理健康也同样需要我们认真维护。

(一)科学健康观

世界卫生组织(WHO)认为,健康包括身体健康、心理健康、社会适应良好和道德健康四个部分,缺一不可。由此可见,健康是身心健康和社会适应性的统一,没有疾病仅仅是健康最起码、最低标准的要求,健康的目标是追求一种更积极的状态、追求更高层次的适应和发展。

健康的10项标准

1978年,世界卫生组织发布了衡量健康的10项标准:

(1)充沛的精力,能从容不迫地承担日常生活和繁重的工作,而不感到过分紧张和疲劳;

(2)处世乐观,态度积极,乐于承担责任,无论大事小事都不挑剔;

(3)睡眠良好,作息时间合理;

(4)应变能力强,能够适应环境的变化;

(5)能够抵御普通感冒和传染病;

(6)体重适当,身材匀称,站立时头、肩、臂位置协调;

(7)眼睛明亮,反应敏捷,眼睑不发炎;

(8)牙齿清洁,无龋齿,不疼痛,牙龈颜色正常,无出血现象;

(9)头发有光泽,无头屑;

(10)肌肉丰满,皮肤有弹性。

(二)心理健康的内涵与标准

心理健康对每一个人的成长和发展都有重要的影响,健康的心理是正常生活、学习、工作和交往的前提和保证。人的心理怎样才算是健康的?心理健康的标准是什么?

这是一个非常复杂但又必须搞清楚的问题。

1. 心理健康的定义

心理健康是相对于生理健康而言的，心理健康又叫心理卫生，其含义主要包括以下两个方面：

一方面指心理健康的状态，即没有心理疾病，心理功能良好。也就是说，能以正常稳定的心理状态和积极有效的心理活动，面对现实的、发展变化着的外界环境和自身内在的心理环境，具有良好的调控能力和适应能力。

另一方面指维护心理的健康状态，即积极自觉地按照个体不同年龄阶段身心发展的规律和特点，采取各种有效的方法和措施，营造良好的家庭环境、工作环境和社会环境，预防心理疾病，提高心理素质，维护和促进心理活动的良好功能状态。

心理不健康与心理健康

作为一名职业驾驶员，心理健康不仅影响个人的生活质量，还会影响驾驶安全，甚至关乎自己和他人的生命安全。我国交通运输主管部门非常重视驾驶员的健康，比如《道路旅客运输企业安全管理规范》第二十七条规定："客运企业应当关心客运驾驶员的身心健康，每年组织客运驾驶员进行体检，对发现客运驾驶员身体条件不适宜继续从事驾驶工作的，应及时调离驾驶岗位。"

身体健康与心理健康的关系

首先，当生理或心理任何一方面出现疾病时，另一方面也会受到影响。我们都会有这样的经历：当身体不适时，会情绪低落，烦躁不安，容易发怒；当面临重要考核而紧张焦虑时，会食而无味，出现失眠、头痛、易疲劳等现象。许多研究表明，情绪与身体健康密切相关，情绪消极、低落或过于紧张的人，往往容易患各种疾病。现代医学研究表明，高血压、冠心病、支气管哮喘、溃疡病、过敏性肠炎、糖尿病、植物神经功能紊乱、恶性肿瘤等疾病，其发病与情绪有关，这些疾病统称为身心疾病。

其次,生理健康是心理健康的基础,心理健康又反过来促进生理健康。有专家指出,人体内有一种最有助于身心健康的力量,即良好情绪的力量。若能善于调节情绪,经常保持心情愉悦,可以起到未病先防、有病早除的效果。"笑一笑,十年少",指的就是这个道理。

2. 心理健康的标准

一个人的心理是否健康,主要看个体是否与外在环境保持和谐,以及个体的心理是否和谐。也就是说,如果你与别人相处和谐,爱自己、爱家人,在工作和生活中大多数时间心情是舒畅的,那么你的心理就是比较健康的。2019年,中国心理卫生专家确立了中国人心理健康的6条标准与评价要素,具体如下:

(1)情绪稳定,有安全感。
(2)认识自我,接纳自我。
(3)自我学习,独立生活。
(4)人际关系和谐。
(5)角色功能协调统一。
(6)适应环境,应对挫折。

(三)心理健康中的"灰色区域"

人的心理健康并不是黑白分明的,而是在健康与不健康之间有很长的"灰色地带"。我们大部分人的心理健康水平处于"灰色地带",只有少部分人存在严重的心理问题,即处于"黑色地带"。

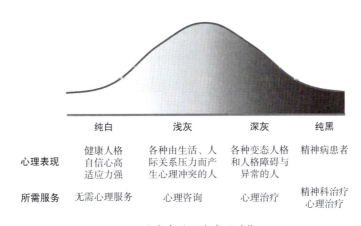

心理健康中的"灰色区域"

心理咨询

有的人认为,来做心理咨询的人都是精神病人,这是一个很大的误区。其实,心理咨询是心理咨询师协助求助者解决各类心理问题的过程,其主要对象是那些精神正常,但心理健康水平较低,产生心理障碍导致无法正常学习、工作、生活并请求帮助的人群,也就是处于"浅灰色地带"的正常人群,而不是人们常误会的"病态"人群(即处于"深灰色、纯黑色地带")。当你有困惑、感到内心痛苦的时候,寻求心理咨询说明你注重心理健康,而心理咨询师可以帮助你调适心理状态,更好地应对生活中的困难与挑战。

心理咨询能解决哪些问题?

健康人群会面对诸如婚姻家庭、择业、亲子关系、子女教育、人际关系、学习、恋爱、自我发展、情绪管理、压力应对等问题,他们会期待做出理想的选择,顺利度过人生的各个阶段,求得内心平衡以及自身能力的最大限度发挥,寻求良好的生活质量。这时他们就可以寻求心理咨询的帮助。

我可以信任心理咨询师吗?——心理咨询中的保密原则

很多人在进行心理咨询前或者进行心理咨询的过程中,都会有这样的担心:心理咨询师会为我保密吗?我的问题会不会被同事、领导知道?

答案是:一个合格的职业心理咨询师会对你所讲的问题保密,一般在进行心理咨询前,双方会签订保密协议,来访者的问题不会被别人知道。但这种保密原则有两个例外:一是有违法的情况,二是有可能伤害自己或伤害他人的情况。在这两种情况下,心理咨询师可以打破保密原则。

二、心理健康的自我维护

(一)做自己心灵的主人

有的驾驶员常常这样说:我热情服务,认真工作,还是有无理取闹的乘客投诉我,我很痛苦;我大学毕业,最后还是只能来做一名驾驶员,我很痛苦;我的朋友、同事不信任我，我很痛苦；我的家庭争吵不断，妻子非常挑剔，我很痛苦……好像自己的痛苦都是别人造成的，应该由别人负责，我就是要做出痛不欲生的样子给该负责的人看。其实，每个人最关注的是他自己的事，你的心情只能由你自己负责。现实生活中的很多东西我们无法选择，但是在我们的内心世界，只有自己才是唯一的主人。

有的人认为驾驶员开快车、脾气坏、态度不好，是因为"素质差"造成的。实际上，驾驶员的职业有很大的特殊性，相当一部分驾驶员因为在工作过程中随时会遇到突发事件，心理时常处于应激状态，精神高度紧张。长时间工作引起过度劳累，使他们容易烦躁、上火、动怒，严重的还会导致长期失眠，从而影响驾驶安全。因此，驾驶员的心理健康不仅需要行业企业和社会的理解与关爱，更重要的是驾驶员自己要认识到心理健康的重要性，要树立自觉维护心理健康的意识，不断完善自己的人格，为自己的心理健康负责。

小故事

你有意思，生活就有意思

1964年，南非罗本岛监狱来了一位犯人，他的代号是"466号"。466号被关进了只有4平方米的牢房，开始了地狱般的生活。他每天都要到采石场去做苦工，动作稍慢就会遭到一顿毒打。监狱里的犯人都如行尸走肉，活得没有一点生机和趣味。

为了改变现状，一次放风时，466号大胆地向监狱长提议："监狱里有片空地，我想开辟出来种菜，您看可以吗？"没等他说完，一条鞭子便封住了他的嘴。可是466号没有死心，只要遇到监狱长，他就会重复这句话，而每次迎接他的都是一条鞭子。终于有一次，监狱长不耐烦了："想种就种吧，别再烦我了。"此后，一到放风的时候，466号就会去空地种菜。菜越种越多，地越拓越宽，最后竟然变成了一个小型农场，囚犯和狱警的饮食由此有了大大改善。然后，466号又开始了新的申请……终于，囚犯们周六可以踢球了。后来，囚犯们组建了自己的球队。再后来，连狱警都成了球队的粉丝。

466号囚犯，竟把死气沉沉的监狱变成了生机勃勃的"囚犯天堂"。这个466号，就是后来的南非总统曼德拉。他曾说："只要有心，你也可以。"

何为"你也可以"？就是"你是什么样的人，就会遇见什么样的生活"。不要总抱怨自己活得无聊，不要总羡慕别人活得鲜亮。你没趣，生活就没趣；你有意思，生活就有意思。

（二）维护心理健康的策略

1. 树立正确的世界观和人生观

首先，要学会全面客观地看待世界和事物，这样才可以帮助我们变换角度看问题，尤其要培养自己关注事物积极因素的思维习惯，建立并持久地保持乐观的生活态度。其次，要学会接受现实，尽可能去改变不良状况。最后，要学会接受他人，善待世界。社会生活中的人，形形色色，高素质的、低素质的，参差不齐。要学会理解，学会接受，多一点包容。善待家人，善待朋友，善待陌生人，人际关系就和谐了。记住，一个人最高的教养是对别人能和颜悦色。

增强心理保健意识，学习自我维护技巧

2. 做情绪的主人

首先，要学会觉察和表达自己的情绪。当我们产生情绪时，表示生活中有好的或不好的事件提醒我们注意。我们要及时觉察自己的情绪，并用理性的方式表达出来。其次，对自己处理不了的情绪，要懂得宣泄与疏导，过分压抑只会使情绪的困扰加重，而适度宣泄则可以把不良情绪释放出来。发泄情绪的方法包括大哭、做剧烈的运动（跑步、打球等）、放声大叫或唱歌、向他人倾诉等。再次，要学会引导反应过度的情绪。当人们遇到情绪问题时，经常用"胜败乃兵家常事""塞翁失马，焉知非福"等话语来进行自我安慰，可以摆脱烦恼，消除抑郁，达到自我疏导、自我激励的目的，从而带来情绪上的安宁和稳定。最后，要尝试积极的应对策略。当驾驶员面对生活中的压力和困难时，应较多地采用解决问题、寻求帮助、改变不合理信念等积极的应对方式，尽量避免采用退避、自责、幻想、依赖等消极方式。

活在当下，做情绪的主人

发怒——是用别人的错误惩罚自己；

烦恼——是用自己的过失折磨自己；

后悔——是用无奈的往事摧残自己；
忧虑——是用虚拟的风险惊吓自己；
孤独——是用自制的牢房禁锢自己；
自卑——是用别人的长处贬低自己。
放弃这些，才能享受当下的快乐！

3. 提高驾驶技能和熟练程度，减轻工作压力

行车过程中，既有一定的智力活动，又有大量的操作活动，这要求驾驶员不仅要有良好的体能，还要有良好的心理运动能力。如控制的精确性、四肢运动协调能力、定向反应能力、反应时间、手臂稳定性等，都会受到心理因素的影响，这需要驾驶员有良好的心理状态和稳定的情绪。熟练掌握驾驶技能，达到人车合一的境界，遇到紧急情况时就能够不慌不忙，从容不迫，理性平和地完成自己的工作。

4. 建立和谐的人际关系

建立和谐的人际关系，需要多与他人交往，在交往活动中体现自我价值，增加愉悦感；在交往沟通中感受集体的温暖，获得支持。人际交往能使人产生积极的情绪体验，促使自己更好地适应环境，同时可以获得更多的社会支持资源，从而形成一个良性循环。人们常说：多一个朋友，多一份资源，多一份支持。交往是一门艺术，首先要充分相信自己，接纳不完美的自我，这是健康人格的表现；其次要学会理解和宽容他人，这是做人的风范和美德。

5. 提高自身的认知能力

一个人的心理健康状况会受到他对外部环境和自身评价的影响。一切事物都有两面性，不同的认知会产生两种截然不同的结果。如果能从事物积极的一面去观察，就会使一个人的心态变得平和，产生积极作用。虽然职业驾驶比较艰苦，风险较高，但是作为驾驶员来说，应该为自己自愿服务于交通运输行业而感到光荣，同时应意识到这是一份比较稳定的职业，各方面条件还是不错的。这样积极的认知，不仅会增加愉快的体验，还能让自己保持良好的心理健康状态和积极的工作势头。

建立和谐人际关系

简单9步,让你拥有一个有趣而多彩的职业生涯

1. 做你喜欢做的事。
2. 爱你正在做的事。
3. 笑一笑,找到琐事中的乐趣。
4. 别为了小事烦恼。
5. 爱你的同事们,至少找到和他们的共同点。
6. 抓住机遇。
7. 有合理的目标,并制订计划。
8. 理智地减少争执。
9. 成为最优秀群体中的一员。

心理健康自测量表

以下题目可以帮助你了解自己的心理健康程度,请你根据自己的实际情况,在相应位置打"√"。

题 目	是	无法确定	不是
1. 心情总是闷闷不乐,情绪善变。			
2. 老是担心门没锁好,电源可能有问题,于是多次检查,甚至已经走了好远还返回来看看。			
3. 虽未曾患过恶性疾病,却一直担心是否会患重病。			
4. 容易脸红,害怕站在高处,害怕当众发言。			
5. 由于关心呼吸和心脏跳动的情况而难以入睡。			
6. 每天总是多次洗手。			
7. 总是担心"这样做是否顺利",以致无法放手去做。			
8. 有些奇怪的观念总是出现在脑海中,明知这些念头很无聊,却又无法摆脱。			
9. 离开家时,如果不先从某只脚开始走,心里总是感到不安。床附近的东西一旦改变就无法入睡。			

续上表

题 目	是	无法确定	不是
10. 尽管四周的人在欢乐地取闹，自己却觉得没有什么意思。			
11. 外界的东西犹如影子一般朦胧，见过的东西无法清晰地回忆出来。			
12. 总觉得父母或亲友最近对自己太冷漠，或者不知为什么总是对别人很反感或产生强烈的孤独感。			
13. 心中无端产生"这个世界正趋于灭亡，新的世界即将开始"的想法。			
14. 总觉得有人在注意、凝视或追赶自己。			
15. 有时会产生被人左右或身不由己的感觉。			
16. 经常自言自语或暗自发笑。			
17. 虽然没人却总觉得有声音，晚上睡觉时总觉得有人进入了房间。			
18. 遭遇失败或与同事关系不和谐时，会很敏感地觉得"我被人嘲笑"。			
19. 当自己的权利受到侵害时拼死力争。			
20. 当东西丢失时，便不由自主地想到"大概是某某偷去的"；当受到批评或指责时，立即会想到"一定是某某告密的"。			

计分及解释：

选"是"得2分，选"无法确定"得1分，选"不是"得0分。各题得分相加得出总分。

A类： 1~11题，你的总分是（ ）。4分以下：心理非常健康，精神也非常正常；5~7分：你的心理健康情况一般，可算是一个很正常的人；8~10分：表明你的精神有些疲倦，最好是设法减轻工作的压力，进行娱乐以调节生活而放松精神；11分及以上：你可能会有神经衰弱的倾向，需要关心一下自己的健康了。

B类： 12~17题，你的总分是（ ）。4分以下、5~7分、8~10分的解释同A类；11分及以上：你有预防精神分裂的必要，最好是请心理咨询师进行辅导，提前预防。

C类： 18~20题，你的总分是（ ）。4分以下：表示无妄想倾向；4分及以上：你有强烈的妄想倾向，最好尽早请心理咨询师进行辅导。

第二节　心安稳、路平安——驾驶员心理素质要求

人与人之间只有很小的差异，但这种很小的差异却往往造成巨大的差距。很小的差异就是所具备的心态是积极的还是消极的，巨大的差距就是成功与失败。

——拿破仑

北京公交集团驾驶员心理适宜性测评全面开展

北京公交集团为进一步加强人文公交、绿色公交、科技公交建设，把北京公交建设成为适应首都城市特点和功能的一流公交企业，建设人民群众满意公交，在建设关爱员工企业文化的基础上，利用心理学原理和心理测量技术，通过对驾驶员心理特征、驾驶行为、驾驶风格和感知及反应等指标的测评，评价驾驶员的职业适宜性。

开展驾驶员心理适宜性测评，能够帮助建立驾驶员心理适宜性档案，为公交车驾驶员的入职选拔、在职培训、岗位培训等提供心理学依据，从而进一步完善员工情绪管理体系，提高管理效率。

世上有三百六十行，而我们刚好选择了驾驶员这一行。根据自然选择的法则，绝大多数驾驶员刚好就是适合从事驾驶工作的，但也有少部分驾驶员并不适合。由于驾驶工作关乎自己和他人的生命安全，因此，我们需要付出更多的努力来调整自己以适应职业要求；如果实在无法适应，就应该及时改变职业。

一、职业驾驶及特点

（一）什么是职业驾驶

职业是参与社会分工，利用专门的知识和技能，为社会创造物质财富和精神财富，

职业驾驶

获取合理报酬作为物质生活来源,并满足精神需求的工作。职业通常有以下特点:第一,有稳定的收入;第二,要承担相应的责任;第三,是实现人生价值和进行自我完善的途径;第四,是个人与社会相互联结的纽带。

职业驾驶是以驾驶车辆作为谋生手段来获取收入、实现社会价值的工作。职业驾驶员作为安全运输的第一责任人,长时间在各种复杂道路上行车,是道路交通安全的重要参与者,必须严格遵守交通法规和运输专业行为规范,牢记自己的职业道德,时刻注重自身的职业责任感。

(二)驾驶员的职业特点

1. 流动分散作业,个人素质要求高

道路运输具有点多、面广、线长和流动分散作业等特点。驾驶员需要长时间连续驾驶,时刻对道路情况、车辆运行状况等信息进行观察,准确识别潜在的风险,并迅速操控车辆进行应对。同时,在没有他人监督的情况下,需要保持高度的自觉性和责任感,保证行车安全和道路畅通。

2. 环境复杂多变,心理素质要求高

道路运输涉及各种道路条件,弯曲的山路、湿滑结冰的路面、行人穿梭的城市道路等诸多复杂的交通环境,很容易使驾驶员心理状态发生变化。驾驶员需要具备过硬的心理素质,克服心烦意乱、惊慌和恐惧等不良情绪,沉着应对。

驾驶环境复杂,心理素质要求高

3. 危险因素随时存在,安全应对能力要求高

道路运输过程中,路况信息千变万化,危险因素随时存在。驾驶员需要提高安全意识,定期对车辆进行维护和保养,做到运输过程中车辆不带"病"上路,同时应集中注意,严格遵守交通规则,谨慎驾驶,及时应对各种情况,保证行车安全。

4. 服务对象多样化，综合素质要求高

道路运输行业的开放性和复杂性，决定了驾驶员每天要与众多不同的乘客或客户接触。这就要求驾驶员具备良好的心理素质、较强的服务意识和责任意识，掌握基本的沟通技巧，维护和谐的驾乘关系。

5. 工作环境复杂，身心健康需重视

驾驶员在行车过程中，常常受到车辆颠簸、振动和噪声的影响，容易引发生理疾病。此外，驾驶员在工作过程中需要集中注意，当受到各种外界因素的刺激时，比如遭遇其他道路交通参与者的挑衅、乘客因不理解而无端指责等，心理状态容易发生变化，甚至会产生烦躁、紧张、敌对、抑郁等不良情绪。因此，驾驶员要能够觉察自己的身心健康状况，及时调整、改善或就医治疗。

二、驾驶员的心理素质要求

职业驾驶员身上，承担着保护乘客生命财产安全的责任。为了驾驶安全，必须克服以自我为中心、性格急躁粗暴、争强好胜、喜欢寻求刺激、缺乏责任心、行为随意、不愿学习等缺点，养成良好的心理素质。

爱心，善心，责任心

1. 积极的职业动机

积极的职业动机是一种良好的心理状态和心理素质。积极职业动机的确立，有利于增强驾驶员的职业责任感和归属感，有助于驾驶员积极适应驾驶工作，更好地激发和维护自身的工作积极性和创造性。

2. 良好的个性品质

个性不仅影响人对世界的认知评价和应对方式，而且会产生相应的生理、心理和行为反应，从而影响个体对环境的适应性。因此，情绪稳定、自信自立、乐群友善、恪尽职守、意志坚毅、敢于担当、应变性和适应性强等个性特征，是驾驶员适应驾驶职业、胜任驾驶岗位、顺利完成驾驶工作的动力保障，也是驾驶职业对驾驶员的心理素质要求。

3. 较高的认知水平

心理认知能力作为心理素质的重要组成部分，是保证驾驶安全的重要因素。因此，

驾驶员通过认知训练提高认知水平对职业适应十分重要。驾驶职业的特殊性对驾驶员心理认知能力有着特殊的要求，主要表现在智力（观察力、想象力、注意力、思维能力、记忆力等）、感知能力（暗适应、深度知觉、速度知觉等）和反应-运动能力（动作稳定、反应时间、动觉记忆等）等三个方面。

4. 较强的适应能力

适应是指个体与所处环境的互动关系。个体在与环境相互作用的过程中，不断调整自我身心状态，使自身与现实环境保持和谐一致，从而达到适应环境、改造环境，同时发展自我的目的。一方面，驾驶员要确立积极适应的态度；另一方面，要重视良好个性的养成和认知水平的提升，不断调整自己的不适应行为，主动应对和适应职业环境。

三、驾驶员的职业道德

驾驶员在职业活动中，除了遵守法律法规外，更多的是依靠职业道德来自我约束。作为一名称职的驾驶员，应该具备以下职业道德。

职业道德

（一）遵章守法，安全行车

1. 遵守相关法律法规

驾驶员应遵守道路运输相关的法律法规，如《中华人民共和国道路交通安全法》《中华人民共和国道路交通安全法实施条例》，以及各地的道路运输管理规定等，深刻理解相关法律法规对保证行车安全的意义，自觉学法、守法。

2. 遵守安全行车操作规程

驾驶员应遵守企业制定的安全行车操作规程，行车前做好车辆检查工作，不开故障车；行车中注意关注乘客、货物安全，始终把乘客的生命财产安全放在首位。

3. 养成良好的驾驶习惯

驾驶员应养成良好的驾驶习惯，在行车过程中做到不使用手机、不聊天，不开"英雄车""斗气车"，不超速、不超载，文明行车，安全行车等。

良好的驾驶习惯

（二）爱岗敬业，优质服务

爱岗敬业是我们每个人履行社会责任的根本保证。驾驶员应热爱自己的驾驶岗位，并用认真负责的态度对待自己所从事的职业，这是驾驶员应有的职业道德。在工作中做到干一行、爱一行，树立"顾客就是上帝"的服务意识，把让乘客满意作为工作的重心。

优质服务

（三）勤于学习，钻研技术

驾驶员应积极参加公司组织的法律法规学习、典型交通事故案例学习、技能训练、安全驾驶经验交流、突发事件应急处置训练等教育培训，自觉学习钻研交通运输行业的新知识、新技术，跟上行业发展的步伐，适应行业发展的需要，成为一个德才兼备的驾驶员。

勤于学习，钻研技术

（四）救死扶伤，见义勇为

救死扶伤是我们中华民族的传统美德，也是驾驶员的基本职业道德。驾驶员在道路运输过程中如果遇到交通事故中的伤员、急需救助的病人和孕妇或者路边挥手要求搭车抢救的其他病人时，应给予力所能及的救助。

救死扶伤

（五）文明行车，节能减排

一名合格的驾驶员，不仅应技术娴熟，更重要的是应具有良好的驾驶作风、行为习惯和道德修养，做到安全驾驶、文明驾驶。应严格遵守交通规则，系好安全带，不闯红灯，不乱停车，不乱鸣笛，斑马线上不抢先，不随意在道路中间掉头、转弯。夜间行车尽量关闭远光灯，并线或转弯要打转向灯，不疲劳驾驶，不超员超载。旅客运输车辆更应该注意车速，避免紧急制动，出发时应等待乘客站稳坐好后再起动。

驾驶员还应注意节能减排，降低运输成本。应减少怠速运转时间，及时排除临时故障。下班前做好全车巡察，例如是否有漏油、漏气现象，轮胎气压是否正常等。

驾驶员性格测验

以下题目可以帮助你了解自己的驾驶性格，请你根据自己的实际情况，在相应位置打"√"。

题　　目	非常不同意	有点不同意	不清楚	有点同意	非常同意
1. 遇到紧急的事情时，我会焦躁不安。					
2. 熟悉我的人都说我很粗心。					
3. 我时常想要去做一些冒险刺激的事。					
4. 我感到很难集中精力去完成一项工作。					
5. 如果被别人欺负了，我一定要想方设法报复。					
6. 我总是保持平静的心态面对任何事情。					
7. 我在做事前一般不进行仔细考虑。					
8. 我很想尝试高空跳伞的那种惊险感觉。					
9. 我无法使自己的注意集中到某件事上。					
10. 我总是力图说服别人同意我的观点。					
11. 我总是喜怒无常，乱发脾气。					
12. 我做事速度快，但比较粗糙。					
13. 我认为我会喜欢从一个很高的山坡上飞快下滑的感觉。					
14. 有时候我简直无力开展工作。					
15. 无论做什么事情，如果做得比别人差，我会很难过。					
16. 我是一位容易被激怒的人。					
17. 我做事总是力求稳妥，不做无把握的事情。					
18. 我很想尝试赛车手飙车的那种惊险感觉。					
19. 我常常被一些毫无意义的想法困扰。					
20. 听到别人发表不正确的见解，我总想立即纠正他。					
21. 被人误解时，我总是心平气和。					

续上表

题　目	非常不同意	有点不同意	不清楚	有点同意	非常同意
22. 我做事情有些莽撞，不考虑后果。					
23. 我喜欢坐在快车上那种风驰电掣的感觉。					
24. 我常常会一个人想入非非。					
25. 听人讲话或做报告时，如果觉得对方讲得不好，我就非常着急，总觉得还不如我来讲。					
26. 我总是没有仔细思考就冲动行事。					
27. 对所承担的任何工作，我喜欢对细节做好计划与组织。					
28. 我常常希望周围发生一些不寻常的事。					
29. 工作和学习时，我有时思想会开小差。					
30. 当别人对我无礼时，我对他也不客气。					
31. 我总是会无理由地高兴或悲伤。					
32. 我喜欢我写的所有东西都很精准、清楚、有条有理。					
33. 我喜欢玩过山车等刺激性活动。					
34. 在嘈杂的环境中，我仍然能不受干扰地专心工作。					
35. 跟朋友玩游戏或比赛时，我总想当赢家。					
36. 我经常喜怒无常，情绪波动大。					
37. 在平时生活中，我经常丢三落四。					
38. 工作或学习时，我经常发呆或走神。					
39. 看到别人加速超过我的车，我一定会去反超过他。					
40. 我更多的时候是在理性的支配下冷静地处理问题。					
41. 我做事力求完美，希望每一个细节都能做到最好。					
42. 我经常有一定要超过我周围人的念头。					
43. 当事情不顺心时，我能够保持耐心。					
44. 当完成一项工作后，我总会认真地检查，以免有错误。					

计分及解释：

本测验能测量五种类型的驾驶性格，分别是：驾驶急躁、驾驶粗心、驾驶冒险、驾驶分心、驾驶好胜。计分规则如下：

（1）题目6、17、21、27、32、34、40、41、43、44为反向计分题，选"非常不同意"得5分，选"有点不同意"得4分，选"不清楚"得3分，选"有点同意"得2分，选

"非常同意"得1分。

（2）其余题目均为正向计分题，选"非常不同意"得1分，选"有点不同意"得2分，选"不清楚"得3分，选"有点同意"得4分，选"非常同意"得5分。

将属于某类性格的所有题目的得分相加，就得到各种驾驶性格的总分。得分越高，表示该类驾驶性格特征越明显。

性格类型	题目序号	各题得分之和
驾驶急躁	1、6、11、16、21、26、31、36、40、43	
驾驶粗心	2、7、12、17、22、27、32、37、41、44	
驾驶冒险	3、8、13、18、23、28、33	
驾驶分心	4、9、14、19、24、29、34、38	
驾驶好胜	5、10、15、20、25、30、35、39、42	

第三节　寻找幸福的密码——快乐工作、幸福生活

　　幸福是一种自我体验与感受。我们缺乏的不是幸福，而是发现幸福的双眼、体验幸福的内心与走向幸福的方向。

——胡敏

"全国三八红旗手""最美奋斗者"李素丽

　　李素丽，北京公交"李素丽服务热线"负责人，曾任北京市公交总公司公汽一公司第一运营分公司21路公共汽车售票员。她自1981年参加工作后，在平凡的岗位上，把"全心全意为人民服务"作为自己的座右铭，真诚、热情地为乘客服务，被誉为"老人的拐杖，盲人的眼睛，外地人的向导，病人的护士，群众的贴心人"。她认真学习英语、哑语，并努力钻研心理学、语言学，利用业余时间走访、熟悉不同地理环境，潜心研究不同乘客的心理和需求，有针对性地为他们提供满意周到的服务。她在全心全意为人民服务的过程中，实现了自己的人生价值，获得了"全国三八红旗手""最美奋斗者"等荣誉称号，是每一个公交人学习的榜样。

　　上述案例中，李素丽是幸福的，因为她实现了自己的人生价值。我们每个人都希望自己能拥有幸福的人生，但不同的人对幸福的理解是不一样的。幸福是一门学问，如果我们能正确认识幸福，掌握获得幸福的方法，就能成为一个更幸福的人。

一、认识幸福

（一）什么是幸福

　　幸福至少包括两个方面的因素，即幸福的情感和幸福的认知。幸福的情感因素反映

了诸如欢欣、得意、满足和其他积极情绪；幸福的认知因素则反映了人们对生活中各个领域满意程度的认知评价。

美国哈佛大学幸福课导师沙哈尔认为，幸福的定义应该是"快乐与意义的结合"。如果想要幸福，我们就必须体验积极愉快的情绪和情感，因为快乐是幸福生活的先决条件。然而，幸福又不仅仅是愉悦的情绪体验，因为追求愉悦和逃避痛苦连动物都会，而人生的幸福在于追求那些让我们从内心深处感到有意义的目标。

幸福=快乐与意义的结合

（二）幸福会带来什么

幸福不仅是美好生活的标志，而且能够促进美好生活产生新的积极因素。幸福的人通常会在生活的很多领域获得成功，如美满的婚姻、长久的友谊、稳定的工作、不错的收入、健康的心理状态等。

1. 幸福感让人更聪明

幸福感让我们更加相信自己的智力、身体和人际关系，可以增强我们应对困难和挫折的能力，使我们更加宽容、更加豁达。积极情绪使我们的心智更成熟，视野更宽阔，思维更活跃，能更快地学习新知识，拥有更强的创新能力。

2. 幸福感让人更健康，更长寿

有资料显示，积极情绪可以预测健康状态和是否长寿。因为有积极情绪的人精力更充沛，更愿意养成良好的健康习惯，更关注自己的身心发展。积极愉快的情感有助于稳定血压、血糖水平，增强身体的免疫能力。

3. 有幸福感的人工作效率更高，收入也更高

有的人认为，如果我的收入增加了，我就幸福了。但事实是，幸福感让你能轻松愉快地完成更多的工作，发现更多的机会，从而提高工作效率，增加收入。是积极情绪促使我们创造更加美好的人生，而不是等人生美好了才有积极情绪。

4. 有幸福感的人朋友更多

有幸福感的人就像自带光芒的太阳，可以给人带来温暖，别人都喜欢靠近他，他也因此获得了更加丰富充实的社交生活。有幸福感的人乐于助人，可以获得更多的帮助，获得更美好的婚姻，获得更加幸福的人生。

二、怎样成为一个幸福的人

（一）塞利格曼幸福三法则

我们每个人都希望自己拥有幸福，但又常常因为陷入对过去的悔恨和对未来的焦虑之中，感受不到当下的幸福。怎么样才能获得更多的幸福呢？积极心理学之父塞利格曼给出了以下三条法则：

1. **法则一　过去的就让它过去**

有的人总是生活在对过去的悔恨中，认为是过去做的事情或过去遇到的人让自己不快乐。然而，如果你今天无法让自己快乐，你就只有带着不快乐走向每一个明天，最终过完不快乐的一生。对过去的情绪完全由你对过去的看法来决定，你的过去不会主导你的现在和未来。回忆过去的时候，我们要学会在过去的时光中体验积极情绪，比如满意、满足、成就感、骄傲和平静。对过往的美好时光心存感激，理性看待过去的不幸，宽恕过去遇到的伤害。感恩和宽恕能改变你的记忆，感恩能增加美好记忆的强度，宽恕则可以降低痛苦记忆的伤害，这样你就会更加幸福。

2. **法则二　抓住现在的幸福**

眼前的幸福感主要包括愉悦、满意和心流体验。愉悦有很强的感官和情绪特点，比如狂喜、兴奋、欢笑、兴高采烈及舒适。满意是指做了我们喜欢做的事而带来的感觉，但它不一定伴随着快感。心流体验是一种将个人精神力完全投注在某种活动上，忘记了时间，忘记了烦恼的感觉。我们很多驾驶员在驾驶过程中，全身心地投入，体验到身心的宁静，这就是一种幸福的感觉。在生活中，我们可以安排一些让自己感到开心、快乐的事情，只要别人过度，就是有益于身心健康的。

3. **法则三　对未来保持乐观**

面对未来所表现出来的积极情绪包括信心、信任、自信、希望及乐观。乐观和希望可以帮助你在遭受打击时对抗沮丧，在面对有挑战性的工作时表现良好，并使你健康。乐观的人会将好事归因于自己的人格品质或能力，所以好事是永久的，坏事是暂时的，而且乐观的人会因此认为自己各方面都很棒。反之，悲观的人遇到挫折就会垮掉，很难东山再起，获得成功时也不能乘胜追击，最终成功得不彻底。

（二）发现并利用自己的优势与美德

除了上述三大法则外，幸福感还来自自己优势与美德的发挥。积极心理学家总结出了六种具有普适性的美德,它们是智慧与知识、勇气、仁慈和爱、正义、修养与节制、精神卓越,这六种美德分别对应24种性格优势。如果我们能发现、创造和拥有它们,并在工作和生活中加以应用,就会更容易获得人生的幸福。

拓展阅读

积极心理学的六种美德及24种性格优势

美　德	性格优势及解释
一、智慧与知识	1. 好奇心:喜欢探索和发掘新事物。 2. 热爱学习:喜欢学习新的东西。 3. 判断力:能够周详地考虑事情,不草率下结论。 4. 创造性:能够想出新方法来做事情。 5. 社会智慧:明白别人的动机和感受,让其他人感到自在。 6. 洞察力:对人对事判断准确,选择正确,善于解决问题。
二、勇气	7. 勇敢:无所畏惧,在挑战、困难面前不畏缩。 8. 毅力:有始有终,能够承担完成困难的工作。 9. 正直:实事求是,不虚伪,诚实待人。
三、仁慈和爱	10. 仁慈与慷慨:对别人仁慈和宽宏大量。 11. 爱与被爱的能力:重视和别人的亲密关系。
四、正义	12. 公民精神:努力做好本职工作,有团队精神,尊重权威。 13. 公平:对所有人公平,给予每个人同等的机会。 14. 领导力:有很好的组织才能,并能监督任务的执行。
五、修养与节制	15. 自我控制:能够控制住自己的情绪、欲望、需求和冲动。 16. 谨慎小心:有远见,三思而后行。 17. 谦虚:不喜欢出风头,宁愿让成绩说话。
六、精神卓越	18. 对美和卓越的欣赏:欣赏各领域中美好和卓越的东西。 19. 感恩:懂得感恩,会向别人表达感谢。 20. 希望、乐观:期待未来会更好,并努力行动。 21. 灵性、信仰:对宇宙、人生的意义有坚定的信仰。 22. 宽恕、怜悯:慈悲,宽恕那些得罪你的人。 23. 风趣、幽默:喜欢大笑和逗别人开心,尝试去看事情轻松光明的一面。 24. 热忱:充满热情,全心全意投入工作。

三、做一名快乐幸福的驾驶员

通常认为,要做一名快乐幸福的驾驶员,需要经历以下三个阶段。

(一)做一个身心健康的普通人

驾驶员是一种特殊的职业,对身体、心理及技术的要求都比较高。在行车过程中,各种因素使得驾驶员的动机、态度、情绪等心理现象不断发生变化,从而影响行车安全。因此,驾驶员有义务让自己的身心保持健康。简而言之,身体健康是驾驶员获得行车安全的硬件基础,心理健康是安全出行的条件和保障。驾驶员要做一个身心健康的普通人,努力维护自己的身心健康,尽量不要在亚健康状态下工作。

(二)做一个有意义的社会人

人在适应社会环境、参与社会生活、学习社会规范、履行社会角色的过程中,逐渐认识自我,并获得社会的认可,取得社会成员的资格。驾驶员通过做好自己的工作服务社会,得到社会的认同。通常最能体现个体作为社会人的意义和价值的,是他的职业道德,具体包括爱岗敬业、诚实守信、办事公道、服务群众、奉献社会。

做有意义的社会人

(三)做一名幸福的驾驶员

幸福不仅可以维护身心健康,还可以使你安全、轻松地完成工作任务。想要使自己更幸福,可以从以下几个方面努力:

1. 爱上你的职业,快乐工作

三百六十行,行行出状元。世上没有最好的职业,只有最适合自己的职业,认识到工作的意义并爱上自己的工作,是快乐工作的基础。作为一名驾驶员,我们为社会经济的发展做出了贡献,为人民群众提供了方便、快捷、舒适的出行和运输服务,并通过自己的劳动获得经济收入,因此,我们的工作是很有意义的。我们要充分肯定和尊重自己,爱上自己的岗位,快乐工作,幸福生活。

2. 培养良好的身心素质

在道路运输过程中,驾驶员的身心健康关系到乘客的安全。为确保行车安全、避免事故发生，驾驶员应遵循"情绪稳定、注意集中、心态乐观、饮食规律、睡眠充足、加强锻炼、定期体检"七大原则。

3. 脚踏实地，勤奋工作

全国"五一劳动奖章"获得者、北京公交"最美公交司机"常洪霞安全行车近50万公里，是靠刻苦训练实现的。为了练习平稳驾驶，她每天行车前都在驾驶室放上一杯水；经过几个月的训练，一天下来，杯子里的水几乎不洒。合格的驾驶员能够在自己的岗位上，积极调整心态，找准位置，完善自身，成就自己，最终实现自我价值。

培养积极的心理品质

4. 心理调适，"回归"平和心态

驾驶员经常因为形形色色的事物而容易出现心理失衡，这就要求他们能够学会调整自己，"回归"平和心态，平和对待自己，平和对待其他事物，从平凡的工作岗位中寻找积极快乐的心态。

 拓展阅读

微笑与幸福

美国加州大学两位教授做了一个很有趣的实验。他们研究了1960年米尔学院毕业纪念册中四年级女生的照片，然后在她们27岁、43岁和52岁时，分别测试她们对生活和婚姻的满意程度。研究结果表明，真诚笑容组的结婚率高，离婚率低，对自己和他人的满意度高，生活得更幸福，而且与是否美貌无关。

真诚的、发自内心的微笑被称为"杜乡的微笑"，是以一名专门研究微笑的法国心理学家杜乡的名字命名的；与之相反的则是表面的假笑。

真诚的微笑与表面的假笑

启示：微笑是改善驾乘关系的一种很好的方法。如果我们带着真诚的、发自内心的微笑完成服务工作，我们自己也会更加开心，更加幸福。如果是带着表面的假笑完成工作，我们的面部肌肉会僵硬，身心也会很疲惫。

工作满意度测试

以下题目可以帮助你了解自己对工作的满意度,请你根据自己的实际情况,在相应位置打"√"。

题　　目	非常不同意	不同意	不确定	同意	非常同意
1. 有机会以自己的方式来处理事情。					
2. 因我的工作而有受尊重的感觉。					
3. 对目前公司执行政策的方式感到满意。					
4. 对上级做出决策的方式感到满意。					
5. 良好的工作表现会得到上级的赞许。					
6. 良好的工作表现会得到同事的赞许。					
7. 能从工作中获得成就感。					
8. 上级对待我的态度让我感到满意。					
9. 目前公司的工作环境让我感到满意。					
10. 我与公司同事彼此相处融洽。					
11. 我在工作中能够充分发挥自己的能力。					
12. 我的工作让我感觉未来有保障。					
13. 目前的工作给予我晋升的机会。					
14. 公司会为我提供培训的机会。					
15. 我对目前工作的薪酬感到满意。					
16. 我的工作让我有发挥自身能力的机会。					
17. 在工作中,我能很好地运用专业知识和判断能力。					
18. 在工作中,我有为别人服务的机会。					

计分及解释:

工作满意度量表包括三个维度,共18道题;选"非常不同意"得1分,选"不同意"得2分,选"不确定"得3分,选"同意"得4分,选"非常同意"得5分。计算每个维度所包括题目的总分并除以题目数,得到平均分。平均分越高,表示满意度越高。

各维度包括的题目如下:

维度1: 1~10题,对工作本身和领导行为的满意度。

维度2: 11~15题,对工作回报的满意度。

维度3: 16~18题,对工作成就的满意度。

第二讲

SECOND LECTURE

认识自我与完善人格

第一节 我是一个什么样的人——认识真实的自己

人的鲜明特征是他个人的东西。从来不曾有一个人和他一样，也永远不会再有这样一个人。

——奥尔波特

> **"最帅驾驶员"孟大鹏**
>
> 孟大鹏一家两代都是公交人，他的父亲曾是北京公交35路的一名优秀驾驶员。2010年，他成为北京公交41路驾驶员。"我说大家可能不信，好多人从小的理想是当科学家、当医生，但我的理想就是当驾驶员、当公交人。"孟大鹏从小就确立了自己的志向，在父亲的言传身教下，干一行，爱一行，钻一行，精一行，成一行。在车厢这个并不大的舞台上，孟大鹏坚守公交人的初心，牢记"让更多的人享受更好的公共出行服务"这一光荣使命，用真诚感动着乘客，用快乐感染着乘客，用文明感召着乘客；以贴心安全的运营服务，赢得了广大乘客的认可与支持，彰显了新时代公交人的新作为，是当之无愧的新时代最美奋斗者。2017年，孟大鹏以一名普通公交车驾驶员的身份，先后参加了北京市第十二次党代会、中国工会第十七次全国代表大会。2019年，在北京市工会第十四次代表大会上，孟大鹏当选工会委员会委员。

上述案例中，孟大鹏准确定位了自己的发展目标，实现了自己的人生理想。而现实生活中，有的驾驶员对自己的工作意义和社会地位评价过低，这不仅会影响自己的工作积极性，还会影响自己的心理健康。为此，本节主要讲述驾驶员如何科学地认识自我，如何塑造积极的自我形象，以及如何克服自我认识偏差。

一、认识自我

（一）什么是自我

在古希腊德尔菲的阿波罗神庙中，铭刻着一句名言："认识你自己。"我们经常会自我发问，比如"我是谁？""我是一个怎么样的人？""我喜欢自己吗？"这些问题其实就是自我意识。

自我意识是人对自己身心状态以及自己同客观世界的关系的认识。自我意识包括三个层次：对自己及其状态的认识；对自己肢体活动状态的认识；对自己思维、情感、意志等心理活动的认识。

自我意识是人的个性结构的重要组成部分，是个性结构中的自我调节系统。自我意识的发展过程是个体不断社会化的过程，也是个性特征形成的过程。因此，良好的自我意识对人的良好个性的形成起着至关重要的作用。

（二）自我的结构及内容

1. 自我的心理结构

自我既是心理活动的主体，又是心理活动的客体，它涉及认知、情感、意志过程的多层次、多维度的心理现象。

（1）自我认识。自我认识解决"我是一个什么样的人""我如何看待我自己"等问题。它包括自我感觉、自我观察、自我观念、自我分析、自我评价等。

（2）自我体验。属于情绪范畴，以情绪体验的形式表现出个体对自己的态度，主要涉及"我是否接受自己""我是否对自己感到满意""我是否悦纳自己"等。它主要是一种自我的感受，以自尊、自信、自卑、自怜、内疚、自责、自豪、成就感等表现出来。

（3）自我调控。主要表现为人的意志行为，它监督、调控人的行为活动，调节、控制我们对自己以及对他人的态度，涉及"我怎样节制自己""我如何改变自己""我如何成为理想中的自己"等，表现为自制、自主、自理、自我监督、自我控制等。

2. 自我的内容

人的自我是丰富的、立体的、多角度的。自我一般包括以下三个方面的内容：

（1）生理自我。指个人对自己生理状态的认识和评价，包括对身高、体重、容貌、性别、运动与静止、温饱与饥饿、舒适与病痛等方面的认识。

（2）社会自我。指个人对自己与周围关系的认识和评价，包括对角色、责任、权利、义务、地位、社会关系等方面的认识。

（3）心理自我。指个人对自己的价值观、人生观、世界观、记忆、智力、需要、兴趣、爱好、气质、能力、性格、情绪、意志力等方面的认识和体验。

二、塑造积极的自我形象

（一）正确认识自我的渠道

我们常常会因为别人不理解自己、不信任自己而难过。但是，如果别人问"你是一个什么样的人？"，你能说清楚吗？你知道应该怎样认识自己吗？

一般而言，认识自我主要有以下三种方法：

1. 比较法——从我与他人的关系中认识自我

他人是反映自我的镜子，是个人获得自我意识的重要来源。在与人交往的过程中，我们可以向别人学习，按照自己的需要规划自己的人生目标。需要注意的是，通过和他人比较来认识自己时，我们一定不要盲目，应该注意选择合适的比较对象。

2. 经验法——从我与事物的关系中认识自我

经验法指从自身的经历中了解自己。任何经历都是一种学习，"不经一事，不长一智"，在成败经验中获得的自我意识，能够让自己变得聪明和智慧，而不是脆弱或自负。

3. 反省法——从我与自己的关系中认识自我

在认识自我的过程中，应该从多个"我"的角度出发，只有这样才能对自我有比较客观、全面的认识。

善于自省

世界上没有完全相同的两片树叶

德国哲学家莱布尼茨曾经对国王说："天地间没有两个彼此完全相同的东西。"国王不相信，就安排宫女们去御花园寻找两片完全没有区别的树叶，想以此推翻这位哲学家的论断。结果令他们大失所望，因为粗略看来，树上的叶子好像都一样，但仔细一比较，却是形态各异，都有其特殊性。

启示：世界上没有两片完全相同的树叶，更没有完全相同的两个人。对于职业驾驶员而言，很多人也许觉得自己十分普通。但我们应该认识到，每一个人都是独一无二的，都应该看到自己的价值，应该爱自己并努力使自己变得更优秀、更快乐。

（二）常见的自我偏差调适

1. 战胜自卑，增强自信

自卑是一种对自己不满、否定自己的情感，往往是自尊心屡屡受挫的结果。有的驾驶员会因自己学历、收入以及社会地位不理想而感到自卑。他们往往只看到自己的短处而忽略了自身的长处，感到自己不如别人，严重的还可能由自我否定发展为自我厌恶，甚至走向自我毁灭。

战胜自卑、增强自信可以从以下几个方面做起：第一，对自卑产生的危害要有清醒的认识，有勇气和决心改变自己；第二，客观、正确地认识自己，无条件地接受自己，欣赏自己的长处，接纳自己的不足；第三，对自我的经验保持开放态度，合理修正自我观念；第四，根据经验调整对自己的期望，合理制定目标；第五，不受外界纷扰的影响，正确对待得失；第六，经常进行自信心训练，保持乐观、开朗的心态，对未来充满希望。

提升自信的秘诀

首先，我们应该意识到自信来自我们的内心世界，来自我们对自己公正、客观的审度与分析，来自我们能够做得成功的一切事情，这些都是我们自信的基础。

其次，我们要意识到自己的信心在哪方面是欠缺的，我们是否对自己的能力在某个领域的发挥与施展感到力不从心，或者当我们面对一个更好胜、更有才华的人时感到畏缩与自卑，那么这种畏缩与自卑是从何而来的呢？我们必须对此进行认真反思。

再次，要建立良好的心态和情绪。我们一定要意识到人与人之间的差异是可以通过努力改变的。只要我们能充分挖掘自己内心的能量，设定合理的人生目标，拟定切实可行的计划，克服困难和挫折，不断努力，就可以使自己变得更好，从而实现自我的价值。

最后，从现在起，坚定地相信自己。心理训练中的自我暗示、自我肯定技巧对我们是如此的有用、有力。它会促使我们改善自己的身心，它能通过坚定的肯定性表达反馈到我们的头脑中，从而产生一系列生理和心理变化，使我们在富有感召力的语言暗示下，产生我们真正所盼望的自我改进与自我完善。

积极自我暗示

2. 克服以自我为中心，赢得信任

以自我为中心的人，凡事习惯从自我出发，不能设身处地进行客观思考，只关心自己，不顾及他人的感受和需要。他们不易赢得他人的好感和信任，人际关系通常不够和谐，难以得到他人的帮助，容易遭受挫折。以自我为中心的驾驶员通常任性妄为，不会照顾其他驾驶员和乘客的需要，不适合做一名职业驾驶员。

想要克服以自我为中心，首先要摆正自己的位置，既重视自己，也不贬低他人，自觉把自己的意见、别人的意见、集体的意见结合起来，做好自己该做的。其次要实事求是，既不狂妄自大，也不妄自菲薄，充分尊重自己和他人，兼容别人的思想。最后要学会设身处地从他人的角度思考问题，尊重他人的感受，关心他人。

3. 避免过分追求完美

过分追求完美的人对自己要求过高，却不考虑自己的实际情况。他们对自我十分苛刻，只接受自己理想中"完美"的自我，不肯接纳现实中平凡或有缺点的自我，结果往往是适得其反。每个人都有优缺点，要接纳自己，并肯定自己的价值。要对自己有恰当的目标和要求，不过高估计自己的能力，也不贬低自己的能力。

（三）爱上不完美的自己

接纳自己的不完美，并爱上真实的、不完美的自己，是人格成熟的重要标志。首先，人无完人、金无足赤。没有人是十全十美的，每个人都有不同的缺点和不足，既不可能事事都行，也不可能事事都不行。一个人应该接纳自己，并肯定自己的价值，既不自以为是，也不自我怀疑。其次，要确立合理的评价参照体系，以弱者为参照会自大，以强者为参照会自卑。我们应该选择合适的标准，与他人比较时不要太重视别人，贬低自己；而应立足自己的长处，接受并尽力改进自己的短处。再次，给自己确立合理的目标。要在充分了解自己的基础上，对自己有恰当的目标和要求，不苛求自己。相信自己可以通过努力，成为更让自己满意的自己。

爱自己的方法

1. 停止自责——这是最重要的一点

吸取失败的教训，接纳自己的不足，才能轻松愉快地做真实的自己，并追求更好的自己。

2. 停止让自己感到恐惧

有的人常常因小事责备自己、吓唬自己，这是不好的。我们要学会安慰自己，对生活充满美好的期待。

3. 耐心呵护自己的心灵

播下希望的种子，种下喜悦和成功的小树，让阳光照进来，用爱和关怀照料它，并耐心地等待，最终你会得到自己想要的生活。

4. 赞美自己

从最小的事情做起，告诉自己"你很棒"，为自己的付出和努力点赞，肯定自己的每一次成功。

5. 帮助自己就是爱自己

寻找能够帮助你的朋友，学会求助，请家人、朋友或组织帮助你渡过难关。

6. 爱自己的缺点

缺点是你的一部分，不论我们曾经有多消极，都可以选择用积极的态度去看待问题，用积极的办法才能更好地解决问题。

7. 照顾自己的身体

身体是美妙的家园，我们要学会通过健康饮食、合理安排作息时间、适量运动等方式，照顾好自己的身体。

8. 从镜子里看自己

比如，对着镜子里的自己说："我爱你，今天我要为你做点什么呢？我怎么才能使你幸福呢？""无论发生什么，我仍然爱你。"你还可以在镜子里学习"原谅"自己和别人。

9. 从现在开始爱自己

请不要再拖延了，现在就开始爱自己、接纳自己。

爱自己的方法——镜子里看自己

三、驾驶员的角色意识与定位

（一）你的位置在哪里？——驾驶员的角色意识

1. 什么是角色

角色是一定社会身份所要求的一般行为方式及其内在的态度和价值观基础。人的一生要扮演不同的角色，每个人都是多种角色的统一体，为人父母、为人子女、为人夫妇、为人兄弟姐妹、为人朋友同事等，同时还要从事不同的职业。所以，任何一个人都会在某些时期面临角色的转换，要学会摆脱旧角色的影响，认识和适应新的角色。正确的角色认知，也就是人们经常提到的"自我定位"，对于我们调整心态、干好本职工作、扮演好自己的角色，具有积极的导向作用。

2. 职业驾驶员的角色平衡

随着社会生存压力增大，不少人开始混淆自己的职场角色和家庭角色，甚至在很多场合下难免将工作表现带入家庭，或是将家庭表现带入工作之中。于是，各种矛盾应运而生。那么，我们如何在各个角色之间取得平衡呢？

（1）从"平衡工作与生活"到"开心工作，快乐生活"

面对工作和生活中各种不同的角色，很多人习惯将它们看成彼此对立的部分。其实，想要在工作和生活的不同角色之间取得平衡，我们不应像杂技演员那样追求静态的

"完美"，而应像骑自行车那样达到一种动态的平衡。

对于职业驾驶员来说，事业和家庭这两者并不矛盾，可以做到兼顾平衡。首先，驾驶员必须意识到，盲目追逐职场的成功容易造成对家庭成员的感情脱节，反过来后者一定程度上会对前者起到反作用、反效果。其次，在忙碌工作的同时，要学会适当地释放自己，抽出空余的时间去享受一下家庭的温暖，事业带来的

开心工作，快乐生活

压力感也会有所减退。也就是说，驾驶员要"扮演"好职场上和家庭中应有的角色。

职场人的困惑：工作与家庭，孰轻孰重？

刘先生是一名长途货运驾驶员，常年在外跑车，对家庭的照顾越来越少，即便在家里，也很少与妻儿沟通。慢慢地，工作中认真负责、受人尊重的他，与妻子和孩子在情感生活上却出现了隔阂。妻子与他感情淡化，婚姻危机一触即发。儿子由于长期缺少父亲的关怀和引导，在心理上也有所变化，变成了学校的问题学生。家庭问题给刘先生带来的压力，已经远远大于事业压力。

类似刘先生这样的案例不在少数。很多人在追求事业的同时，失去了家庭幸福。而家庭不幸福，比如冷战或闹离婚，会反过来伤害职场中的你，影响工作，影响身体。如何在家庭和工作之间做到平衡，归根结底是如何形成正确的角色意识、找到准确的社会定位。

建议刘先生认真思考遇到的问题，明确自己是否想成为一个合格的丈夫和父亲，并学习怎样成为一个好丈夫，怎样成为一个好父亲。通过换位思考、平等沟通，协调好生活和工作的关系，我们可以获得事业和家庭的平衡发展。

（2）管理时间，注重效率

驾驶员想要追求丰富多彩、积极向上的生活，主要在于能够高效地管理时间。第一，高质量完成当日重要的任务——驾驶任务或者陪伴家人。第二，远离干扰，保持专注，比如手机远离身边或保持静音。这样可以保证行车安全，或更专注地陪伴家人。第

三，合理利用碎片时间，比如利用出车前、排队、饭后、睡前等时间处理一些碎片事情，如读书、陪伴孩子等。第四，降低切换频率，工作的时候专心工作，休息的时候安心休息，做家务的时候专心做家务，玩的时候也要开心地玩，从而减少不同类型事情之间的转换消耗，提高工作和生活的效率。第五，对自己不想做的事勇敢地说"不"，不要在无谓的事情上浪费时间，多做自己应该做和喜欢做的事情。

（二）你在为谁工作——驾驶员的社会化

1. 在工作中社会化

所谓社会化，是指个体在特定的社会文化环境中，学习和掌握知识、技能、语言、规范、价值观等社会行为方式和人格特质，适应社会并积极作用于社会、创造新文化的过程。

工作与社会化之间存在紧密的联系。工作使人的社会化呈现出鲜明的职业特色，从而建立起以职业为纽带的基本社会关系。因此，对于职业驾驶员而言，必须立足于工作，回答一个最基本的问题——"我在为谁工作"。

2. "我在为谁工作"的三个层面

我们到底是在为谁工作呢？如果不尽快弄清楚这个问题，不调整好自己的心态，我们就找不到工作的意义。相应地，我们就不能感受到工作的快乐。

（1）为自己工作

工作不仅能赚到养家糊口的薪水，同时还能锻炼我们的意志，提升我们的技能，与同事的合作能完善我们的人格，与乘客的交流能培养我们的品性。所以，我们在工作岗位上忙碌的同时，也是在为自己工作。

（2）为家人工作

我们在追逐事业成功的路上，切勿舍弃最重要的东西——家庭和爱。来自家庭的爱，可以帮助我们减轻工作压力，舒缓焦虑，温暖奋斗的心。家庭幸福的人，往往事业会更成功。为了家人而工作，会让我们充满责任感和方向感，让自己的工作

为了家人工作

更有意义。

（3）为社会工作

客运驾驶员为了守护乘客们的安全出行兢兢业业，货运驾驶员为了物资的安全和准时抵达披星戴月，甚至牺牲了自己的健康和与家人相处的时光。我们在为自己和家人工作的同时，也在为社会做出贡献。在驾驶员的心中，安全、责任和社会使命是第一位的。为社会而工作，是工作的最高境界，也是个人价值的终极来源。

守护乘客安全

如何点燃你工作的激情

1. 如果没有找到你爱的工作，就学会爱上你现在的工作。
2. 寻找工作的乐趣，在工作中感受快乐。
3. 感恩公司给予自己的工作机会。
4. 与同事保持和谐的关系。
5. 及时给予自己肯定与鼓励。

第二节 我可以变得更好——塑造健全人格

心理名言

患难困苦,是磨炼人格之最高学校。

——梁启超

案例导入

> **人格与安全驾驶**
>
> 本书第一主编主持的一个交通心理研究项目曾经对5000多名驾驶员开展人格测评,并将驾驶员人格特质与发生交通事故的情况进行相关分析,发现交通事故与驾驶员人格特质显著相关。情绪不稳定、自律性差、心情忧虑紧张的驾驶员,更容易发生交通事故。反之,情绪稳定、自律性高、心情轻松愉快、积极乐观的驾驶员,驾驶更安全。

不同的职业需要不同的人格。那么什么是人格?人与人之间到底存在怎样的差别?本节主要讲述驾驶员的人格发展特点和安全驾驶的相关内容。

一、人格的心理特征

广义的人格等同于个性特点,是指相对稳定和独特的认知、情感与行为模式,它体现了一个人独特的精神风貌。我们可以把人格理解为一个大家庭,它具有多种成分和特质,如能力、气质、性格、兴趣、价值观及行为习惯等,这些都会表现出我们独特的人格差异;其中,气质和性格的不同,是人格差异最突出的表现。

人格大家庭

（一）气质

1. 什么是气质

气质是个人心理活动和行为方面比较稳定的心理特征，也就是我们平常所说的"脾气""秉性"或"性情"。气质是与生俱来的，与遗传关系很密切。气质较难改变，更具有稳定性。

2. 气质类型

心理学家根据心理特征的差异，把气质分为胆汁质、多血质、黏液质、抑郁质四种典型类型。

（1）胆汁质

胆汁质的典型特点为：精力充沛，热情，易激动，反应迅速，行动敏捷，暴躁有力；言行上蠢蠢欲动，跃跃欲试，有一股强烈而迅速燃烧的热情；决策果敢，坚韧不拔，但往往不考虑后果（鲁莽）；性急，易被煽动；工作上常有明显的周期性。

（2）多血质

多血质的典型特点为：敏捷好动，易适应环境；善交际，不拘束；富有精力，工作能力强，能从事多样化、多变性的工作；在集体中精神愉快，朝气蓬勃；兴趣广泛而多变，感情丰富而不专一；浮躁轻率，好大喜功。

（3）黏液质

黏液质的典型特点为：沉静、稳重、专一；交际适度，不爱空泛的谈论；不易激动，不易发脾气，不易流露感情，不故意显露才能；惰性而不灵活，因循守旧，不善创新。

（4）抑郁质

抑郁质的典型特点为：动作迟缓，忸怩，怯懦，腼腆，迟疑，孤僻；性情脆弱，感受能力强；常为微不足道的小事动感情；困难面前优柔寡断，危情面前胆小如鼠；心思细密，感情细腻，做事小心谨慎，对人关怀备至。

需要注意的是，在实际生活中，典型的某种单一气质类型的人并不多。多数人都是混合型气质，且以两种气质混合型（双质型）居多。任何气质都有积极和消极的一面，气质类型无好坏之分。气质不能决定人的成就，每一种气质类型的人，都有相对适合的工作。但是，对于驾驶工作而言，胆汁质的人就不太适合。当我们了解了自我的气质类型后，就可以尽量选择适合自己的工作，以便更好地适应工作并取得成就。

四种气质的特点

著名的"一顶帽子"漫画,形象地描绘了胆汁质、黏液质、抑郁质和多血质这四种气质的典型特点。

一顶帽子（[丹麦]皮特斯特鲁普　作）

3. 四种气质类型驾驶员的典型特征

（1）胆汁质驾驶员

胆汁质驾驶员的典型特征是：操作动作干脆有力，处理情况果断，行车速度较快。行车中易被对方不礼貌的行为激怒，一旦被激怒会做出危险的报复行动。处理危险情况时不够沉着冷静，喜欢冒险驾驶。在引发恶性事故的驾驶员中，这种类型的驾驶员比较多。胆汁质驾驶员不适宜长距离驾驶车辆，因为他们很难长时间保持良好的工作状态。

（2）多血质驾驶员

多血质驾驶员的典型特征是：操作动作敏捷，反应较快，处理情况准确，行车中能坚持礼让，并乐于帮助其他驾驶员解决困难，遇到紧急情况时所采取的措施也较安全。

但这种人的驾驶缺点是不够稳定，有时马马虎虎、粗心大意。多血质驾驶员应注意锻炼和培养自己坚定顽强的意志品质，努力克服轻浮好胜的性格。

（3）黏液质驾驶员

黏液质驾驶员的典型特征是：操作动作稳定自如，行车中不急躁，不开快车，车速具有较强的节奏性，不易受外界的干扰，能较严格地执行交通规则。驾车的工作节奏较慢，遇情况犹豫，自信心不足。黏液质驾驶员性子慢，适宜在道路情况不复杂的条件下长途驾驶，而不适宜在情况复杂的条件下承担紧急驾驶任务。

（4）抑郁质驾驶员

抑郁质驾驶员的典型特征是：操作动作较正规，能严格按照操作规程和交通规则驾驶车辆，车速比较稳定。但这类驾驶员心事多，驾驶容易分心，处理情况时会出现顾此失彼的现象，处理意外情况时可能会不知所措。此外，这类驾驶员积极性低，易疲劳，在紧张情况下尤其如此。因此，他们不适宜从事专用汽车（如救护车、消防车等）的驾驶工作。

（二）性格

1. 什么是性格

性格是一个人对现实的稳定的态度，以及与这种态度相应的、习惯化了的行为方式中所表现出来的人格特质。性格主要体现在对自己、对别人、对事物的态度和所采取的言行上。性格表现了一个人的品德，受人的价值观、世界观影响，是在后天社会环境中逐渐形成的，是人的最核心的人格差异。性格的好坏能最直接地反映一个人的道德风貌。

2. 性格的结构

从组成性格的各个方面来分析，可以把性格分解为态度特征、意志特征、情绪特征和理智特征四个组成部分。

（1）性格的态度特征，是指一个人对社会、对集体、对工作、对劳动、对他人以及对待自己的态度方面的性格特征。比如，有的人热爱集体、乐于助人、文明礼貌、勤劳节俭、认真负责、谦虚谨慎、自尊自信；有的人自私自利；有的人损人利己、奸诈狡猾、蛮横粗暴、敷衍了事、不负责任、狂妄自大、自卑自贱；等等。

（2）性格的意志特征，是指一个人对自己的行为自觉地进行调节的性格特征。比如，有的人对人生有理想，行动有计划，独立自主、坚韧不拔、自制力强；而有的人鼠目寸光、盲目任性、优柔寡断、怯懦退缩、放任自流或固执己见；等等。

（3）性格的情绪特征，是指一个人的情绪对他的活动的影响，以及他对自己情绪进行调控的性格特征。比如，有的人情绪稳定，常常处于积极乐观的心境状态；而有的人因为一点小事就容易引起情绪波动，心境容易消极悲观。

（4）性格的理智特征，是指一个人在认知活动中的性格特征。比如，有的人善于独立思考，有的人则愿意借用现成的答案；有的人能深思熟虑，全面看待问题，而有的人则缺乏主见、人云亦云或钻牛角尖；等等。

3. 驾驶员常见不良性格的调适

（1）急躁型驾驶员调适

急躁是安全驾驶的大敌，容易急躁的驾驶员一定要学会调适自己的情绪。首先，分析使你产生焦躁、烦恼情绪的原因，找出让自己冷静的办法。其次，练习放松的技巧，比如练习深呼吸，可以把思绪从烦恼中收回到驾驶工作上。如果你不能集中精神，或正在生气，请不要驾驶车辆。再次，应预先计划，将自己的时间安排得更充裕一些，因为赶时间会使你烦恼或沮丧。

（2）粗心型驾驶员调适

粗心使人犯错，而对于驾驶员来说，事故就在一瞬间。驾驶员必须养成谨慎小心的习惯。首先，要培养认真观察的习惯，在性格方面锻炼自己做到不急不躁。不要花过多精力想一些不现实或还没有出现的事情，要重视当下所从事的工作。其次，增强责任感可以激发我们的智慧，调动我们的潜力，成为一个细心的人。再次，进行注意力训练，养成细心的良好习惯，才能及时觉察到周围环境的变化。

（3）冒险型驾驶员调适

冒险是驾驶员的大忌，在行车过程中必须杜绝冒险，确保安全时才能通过。在人多、车多、路况复杂、堵车等情况下，要做到手不慌脚不乱，放平心态、准确操作，做到"礼让三分"。当遇到红绿灯时，要耐心等待，不要抢时抢道，做到"文明行车"，不开"霸王车"。在日常驾驶工作中，无论在什么情况下，都不能带着不良情绪行车，更不能开"赌气车"，要做到心胸开阔、快乐驾驶。

（4）忧虑型驾驶员调适

忧虑型的人会因为一点小事导致情绪波动，容易发怒，在驾驶过程中难以保持专注。忧虑还会消耗体力和精力，容易导致疲劳。因此，忧虑型驾驶员容易发生交通责任事故。忧虑型驾驶员应如何自我调适呢？首先，要学会及时觉察自己的情绪，及时排解。如果情绪非常不好，要暂停驾驶。其次，应学习心理健康知识，培养积极情绪。再次，平时注意多参加体育锻炼，增强身体和心理的抗压能力。

（5）分心型驾驶员调适

专注是安全驾驶的必要保证，分心是交通事故的常见原因，在驾驶过程中，必须杜绝分心。首先，要养成良好的工作、生活习惯，注意营养均衡、保证充足的睡眠，适当做体育运动。其次，要练习专注力，每次只做一件事情。再次，如果注意无法集中，严重影响到你的生活和工作，则可以寻求专业心理咨询师的帮助。

二、人格的健全和优化

人格是各种心理特点的总和。健全的人格不仅是心理健康的重要指标，也是心理健康的基础。美国人格心理学家奥尔波特提出了健全人格的7个标准：

（1）有自我扩展的能力；

（2）与他人热情交往，关系融洽；

（3）情绪上有安全感，自我接纳；

（4）表现具有现实性知觉；

（5）客观地看待自己；

（6）有多种技能，并专注于事业；

（7）长期保持行为的一致性。

自我反省和接受教育是健全人格的主要方式，我们可以从下列几个方面来培养健全的人格：

（1）坚持体育锻炼，培养健康体魄。健康的身体是人格健全发展的生理基础。一个体弱多病的人是难以发展健全人格的，拖拉、懒惰、急躁、怯懦等人格发展缺陷与不坚持体育锻炼有明显的相关性。

（2）正确认识自我，优化人格。优化人格的前提是对自我有客观准确的认知定位。要培养和发展自信、勇敢、坚毅、善良等积极自我心理品质，纠正自负、胆怯、任性等人格弱点。

（3）合理规划时间，养成良好的行为习惯。制订合理的计划，并持之以恒，从而磨炼自己的意志，为良好的人格发展构建深厚的基础。一个人的一言一行往往是人格的外化，反过来，一个人日常

合理规划时间

言行的积淀成为习惯就是人格。

（4）建立良好的人际关系，融入社会环境。塑造健全人格必须发展良好的人际关系，尊重社会习俗，关心他人需要，多与人沟通交流，保持自尊和独立。在广泛的交往中，借助别人的评价，及时对自我进行调节和完善，使自己的人格得到优化。

（5）学会自控，防止过犹不及。人格塑造应该掌握好度，如：自信而不自负，勇敢而不鲁莽，果断而不冒失，稳重而不犹豫，谨慎而不怯懦，豪放而不粗俗，好胜而不逞强，活泼而不轻浮，机敏而不多疑，忠厚而不愚昧，干练而不世故等。

建立良好的人际关系

第三节　我适合做驾驶员吗——人格与驾驶安全

一个人的成功，百分之八十五归于性格，百分之十五归于知识。

——戴尔·卡耐基

油罐车驾驶员"为所欲为"，终酿事故

2020年3月22日9时5分许，范某驾驶一辆重型半挂牵引车由北往南行驶至广深高速公路时，遇到前方车道内一辆小型越野车缓慢行驶。范某未能及时发现并提前减速，临近时才紧急转动转向盘向左避让，导致车辆与道路中间隔离带发生碰撞后侧翻，引起所运载的汽油泄漏着火。

事后查看车内监控视频发现，事故发生前5分钟，范某惬意地嗑起瓜子，淡定地左手换右手，还将瓜子皮抛到车窗外。事故发生前2分钟，范某开始抽烟并遮挡车内监控镜头，完全把安全驾驶的要求抛之脑后。

长途行车容易让驾驶员感到疲劳、烦躁，周围环境长时间保持不变也容易使驾驶员分心，滋生懈怠感。有一部分驾驶员会因此放松警惕，甚至"放飞自我""为所欲为"，这往往会引发交通事故。这些其实就是意志薄弱、缺乏自制力的表现。

上述案例中的范某，是一个意志薄弱、缺乏自制力的人。自律性低的人格特质，是可以通过人格测评检测出来的。如果范某所在公司在招聘驾驶员的时候，就测评出他的自律性低，就不会把非常危险的油罐车交给他驾驶。职业驾驶员入职选拔的心理测评，可以把不适宜从事驾驶工作的人员拒之门外，从而为道路交通安全多一道保障。

一、驾驶员的核心人格特质与检测

（一）驾驶员的人格尺度——驾驶适宜性

相关研究表明，有的人因为生理或心理的原因，存在事故倾向性。事故倾向性是指在相同危险程度下连续工作的人群中，事故总是集中地发生在少数人身上的现象。事故倾向性的存在，说明一部分人因容易发生事故而成为"事故多发者"，这类人不适宜从事驾驶员职业。

判断一个人是否适合成为驾驶员，可以用驾驶适宜性来衡量。驾驶适宜性是职业适宜性的一种，指驾驶员安全、有效地驾驶汽车，完成驾驶工作所必须具备的最低限度的生理、心理素质和技能。

一般来说，驾驶适宜性主要应满足以下几方面的要求：

（1）具备驾驶工作所必需的基本生理和心理素质。
（2）从事驾驶工作产生失误或发生交通事故的概率较小。
（3）预计完成驾驶任务的数量和质量高于中等水平。
（4）安全需要动机应占优势，即思想上能把安全要求放在第一位。

（二）驾驶员人格的检测方法

在驾驶适宜性的人格测验中，目前使用最广泛的测量工具是大五人格量表和卡特尔16种人格因素量表。

1. 大五人格测验

使用大五人格量表可以对人格的责任心、宜人性、神经质、开放性、外向性等五个维度进行测评，见表2-1。研究表明，神经质和责任心与安全驾驶有关，外向性与交通违章、酒驾和吸食药物后驾驶有关。

表2-1 大五人格量表解释

维度	高分者人格特质	低分者人格特质
责任心	认真、勤奋、有责任心、井井有条、守时	马虎、懒惰、杂乱无章、不守时
宜人性	信任、宽容、心软、好脾气	多疑、刻薄、无情、易怒
神经质	自寻烦恼、神经质、害羞、感情用事	冷静、不愠不火、自在、情感淡漠
开放性	富于想象、创造力强、标新立异、有好奇心	刻板、创造性低、遵守习俗、缺乏好奇心
外向性	喜欢参加集体活动、健谈、主动、热情	孤独、不合群、安静、被动、沉默

2. 卡特尔16种人格测验

卡特尔16种人格测验，简称"16PF人格测验"，可测量乐群性、聪慧性、稳定性、敏感性、忧虑性、自律性等16种主要人格根源特质。测评结果可为人事安置、调整和合理利用人力资源提供参考。有研究表明，16PF人格因子中，稳定性、自律性高分，紧张性、忧虑性低分的驾驶员不容易发生交通事故。此外，乐群性和有恒性两个人格因子高分的人，更适合从事旅客运输职业。具体详见表2-2。

表 2-2　驾驶适宜性相关 16PF 人格因子解释

因子	低分特征	高分特征
稳定性	情绪不稳定，幼稚，意气用事；当有压力或受挫时，情绪沮丧，不易恢复	情绪稳定而成熟，通常能以沉着的态度应对现实中的问题
忧虑性	乐群，沉着，有自信心，有安全感，能适应世俗	容易自责、害羞、不善言谈；缺乏安全感，焦虑不安，自扰，杞人忧天
自律性	不能自制，不遵守纪律，松懈，随心所欲，不尊重社会规范	自律严谨，言行一致，能够合理地支配自己的感情和行动，知足常乐，能够保持内心的平衡
紧张性	心平气和，轻松自然	经常处于被动局面，自叹命薄；神经质，不自然，做作
乐群性	保守，孤僻，严肃，退缩，拘谨，生硬	开朗，热情，随和，易于建立社会联系，有责任和担当
有恒性	自私，不讲原则，不守规则，不尊重父母，对异性较随便，缺乏社会责任感	真诚，重良心，有毅力，执着，道德感强，工作勤奋

二、感觉寻求人格特质与驾驶安全

（一）什么是感觉寻求

感觉寻求是一种寻求新奇、复杂、多变和高强度的感觉刺激和极端体验的特质。喜欢感觉寻求的人，敢于在身体、社会、法律和经济等方面冒险，他们往往会表现出一定程度的身体和社会危险性。

（二）感觉寻求与危险驾驶

感觉寻求特质高的驾驶员，做事只顾感觉，不计后果，导致攻击性驾驶行为和危险驾驶行为增多，容易出现追尾、超速、不使用安全带、不保持安全距离、不安全超车等不良驾驶行为。此外，他们还漠视交通规则，大大提高了行车的危险性。

（三）如何避免危险驾驶

感觉寻求特质高的驾驶员要充分认识到自己的问题。在行车过程中，应该要求自己严格遵守交通规则，礼让行人和其他车辆。养成安全的驾驶行为习惯，杜绝冲动驾驶行为和攻击性驾驶行为。在日常生活中，应时刻提醒自己，不疲劳驾驶和酒后驾驶。在行车过程中感到疲劳时，应及时到安全的地方停车休息，然后再考虑是否继续行车。在喝酒后，一律不得驾驶车辆。

三、攻击性特质与驾驶安全

（一）什么是驾驶攻击

驾驶攻击是指任何不顾后果的危险驾驶行为，包括大吼、咒骂、按喇叭、违规超车、行驶中朝窗外挥手等。具有攻击特质的人往往存在更频繁和更严重的攻击行为。与那些为寻求刺激而危险驾驶的人格品质相比，要从意图和动机上认识驾驶员的攻击特质。攻击往往是由于误解其他驾驶员的行为和意图，并把他们理解为具有敌意和威胁，或是因其他驾驶员的行为而感到受挫或被激惹，并对冒犯自己的驾驶员进行报复。

（二）攻击特质与危险行为

为何有的驾驶员总是会表现出攻击行为呢？相关心理学理论这样解释：当心情不好又恰逢路况不佳、周围驾驶员技术差时，驾驶员会本能地想要大吼、咒骂、按喇叭等。当这些攻击行为消除了愤怒、挫折和冲突时，不愉快的情绪会减少；如果对方没有回击，这些行为也没有受到处罚时，驾驶员就会觉得攻击行为是让自己愉快的，同时可以让人获得"掌控感"。久而久之，通过不断的强化作用，再加上很少被处罚，这些行为便被视为解决问题的有效方式且越来越习惯化。具有攻击特质的驾驶员更可能违反交通规则，并且低估他

攻击性驾驶

们违规的频率，从而更加容易造成交通事故。

（三）如何避免攻击驾驶

一项针对公交车驾驶员的测评结果显示，有10%左右的公交车驾驶员经常发生攻击性驾驶行为。30岁以下的公交车驾驶员攻击性驾驶行为较多，随着年龄的增长而呈下降趋势。大多数驾驶员可以通过自我调节，避免在行车过程中出现攻击行为，具体可以采取以下几种方法：

（1）调节情绪。在行车过程中要调节好情绪，心情过于激动时不宜行车；情绪不好时要自我减压，比如堵车时可以舒展一下身体，简单按摩头颈，缓解疲劳。

（2）换位思考。如别人超车、并线，可能是他有非常紧急的事情；车速太低，驾驶员可能是"新手"……多站在他人的角度思考问题，情绪就自然不会那么焦躁。

（3）文明驾驶，礼貌让行。保持合理的跟车距离，避免因跟车过近，导致前车驾驶人出现反感或者过激行为。尽量将双手都放在转向盘上，避免做任何可能激怒其他驾驶人的动作，如摇头、摇手指。如果其他驾驶人想要超车，只要在能保证安全的前提下，请礼貌让行。

（4）远离出现攻击性驾驶行为的车辆。如果发现别人有攻击性驾驶行为，要尽量避免与攻击性驾驶人产生冲突。尽一切可能离他们远一点，不要占据他们的车道去挑战他们，特别当你是一个大中型客货车驾驶员时，切忌以大欺小。忽略他们的手势等举动，尽量不要回应他们。如果攻击性驾驶人在不远处的道路上发生了交通事故，应与事故现场保持安全距离。

第三讲
THREE LECTURE

心理认知与驾驶安全

第一节　确认安全再出发——驾驶员的感知觉能力

有稳定的精神就等于能指挥自己。

——米贝尔

> **夜间视力下降，行车需谨慎**
>
> 2010年7月25日晚上9点多，上海市静安区共和新路临汾路口发生一起交通事故。由于车速过快，一辆土方车在避让左转小客车时发生侧翻，满载的泥土倾泻而下将小客车掩埋，造成6人不同程度受伤。
>
> 夜间时段车辆和行人相对较少，多数驾驶员会自然地提高车速，然而，夜间时段道路上光线偏暗，驾驶员视线能见距离缩短，同时车速提高会使驾驶员视力相对下降，判断情况并做出反应的时间延长，导致制动距离延长，一旦前方出现紧急情况，无法及时采取安全制动，从而造成严重后果。

像上述案例一样，天黑、雾霾、大雨、噪声等环境因素，使得驾驶员听不清、看不见、闻不到、没注意，是导致交通事故常见的原因。那么，安全驾驶需要具备哪些感知觉能力呢？

一、认识感知觉

在驾驶活动中，驾驶员需要获取和处理周围车辆、行人、环境等信息。在这个过程中，我们的感觉和知觉作用很大，对交通安全会产生直接且重要的影响。

（一）感觉及分类

感觉是人对直接作用于感觉器官的客观事物个别属性的反映。事物的个别属性包括最简单的物理属性（颜色、大小、形状、软硬等），化学属性（气味、味道等），以及生命体最简单的生理变化（疼痛、舒适、饥渴等）。

感觉可分为外部感觉和内部感觉。外部感觉主要包括视觉、听觉、嗅觉、味觉、皮肤觉；内部感觉主要包括机体觉、平衡觉和运动觉。其中，视觉和听觉是驾驶员最重要的感觉。

（二）知觉及分类

客观事物直接作用于感官不仅会产生感觉，而且还会引起知觉。知觉是人脑对直接作用于感官的客观事物整体属性的综合反映。例如：某一事物，用眼睛看有黄的颜色，呈弯圆条形状；用手触摸表面柔软光滑；用鼻子嗅有清香的水果味；用嘴巴尝是甜味等。于是人脑把这些属性综合起来，形成对该事物整体的印象，并知道它是香蕉，这就是人对香蕉的知觉。通常把知觉分成时间知觉、空间知觉、运动知觉和错觉四大类型。

根据驾驶员感知觉的不同表现特征，可以将驾驶员分为快车型和慢车型两种。快车型驾驶员的感知觉灵敏，临危反应能力及应变能力较强，驾驶动作敏捷协调；但内在体验薄弱，易受情绪左右，好冲动，自我控制能力较差，喜欢刺激和冒险，胆大而心不细。慢车型驾驶员的感知觉迟缓，其心理活动过程经常指向内心世界，善思考，内在体验深刻而不外露，善于自我控制情绪，自信心不强；办事条理性及计划性强，力求稳妥；反应缓慢，应变能力差，尤其是临危缺乏自信和果断，紧急避险失误率较高。

快车型驾驶员与慢车型驾驶员

二、视知觉与错觉

（一）视知觉

1. 什么是视知觉

视知觉是驾驶员在行车过程中，对直接作用于视觉器官的事物整体的反映。驾驶员需要在自身移动的情况下感知动态信息，在辨识某障碍物时，要求既准确、又迅速，既保证时间、又要考虑速度，这就需要驾驶员具有良好的视知觉。

驾驶员良好的视知觉对保证驾驶安全意义重大。例如，驾驶员可以利用的90%的信息是通过视知觉获得的，注意、决策、判断等也都是在视知觉的基础上进行的。

2. 视知觉的表现

（1）动视力

动视力是指人与视觉对象存在相对运动时，人眼辨别物体运动的视觉能力。驾驶是一项特殊的视觉任务，在行车过程中，驾驶员的视觉环境是运动的，光线条件也远不能达到最佳水平，危险情况常常出现在视野之外。行车速度增加时，动视力会降低，这对于驾驶安全是非常不利的。因此，对于驾驶员来说，只有具备良好的动视力，才能在一定速度下感知动态信息，快速准确地辨识障碍物。

小心驾驶

（2）夜视力

夜视力是指在黑暗环境下，人眼辨别物体细节的能力，主要强调的是人在不良光线下的视力情况。夜晚条件下，光线比较弱，然而大多数驾驶员并不觉得夜间驾驶是一件困难的事，夜间交通事故率也没有预想的那么高，这是因为我们具备夜视力。而有些驾驶员白天视力正常，但在夜晚或光线不足的情况下，就看不清物体，这就是夜视力不好的表现。

（3）深视力

我们每天感知的都是三维立体空间的物体，而深视力是指视觉器官准确判断物体三维空间位置的感知能力。在行车过程中，深视力是驾驶员获得目标速度、空间位置、距离的重要能力。深视力知觉误差越大，距离判断越不准确。深视力对驾驶员来说很重要，例如：驾驶员能够感知前方汽车的距离、汽车的高度等，具有良好的深视力能使驾驶员更好地躲避危险。

（4）暗适应与明适应

当汽车进入无灯光照明或昏暗的隧道时，驾驶员会暂时看不清车前道路状况，过一会儿才会逐渐看清楚。这种对低亮度环境的视觉适应现象就是暗适应。汽车通过隧道后又回到明亮环境，眼睛也要经历一个适应的过程，这就是明适应。

 **小贴士**

视觉训练小方法

（1）调节眼部肌肉，放松眼睛。可以找两棵树，一棵近一点，一棵远一点，先观察近一点的树，观察一会儿，然后再去观察远处的树；反复做，有利于对眼部肌肉的调节。

（2）双眼向上、下各看三次，接着向左、右各看三次，再向左上、右下各看三次，最后向右上、左下各看三次，视线在空中划出一个"米"字。划完"米"字，让眼睛顺时针、逆时针各转三圈。全部结束后，闭眼休息1分钟，然后睁眼注视远处绿色植物2～3分钟。

（3）乒乓球、羽毛球运动是一项能够让人眼明手快、全身都能得到锻炼的体育项目。

（4）把手掌搓热后放到眼睛上，可以放松眼部肌肉，有利于视力的恢复。

（二）错觉

错觉就是对客观事物歪曲的、不正确的知觉。受生理、心理、年龄、身体条件及行车环境等诸多因素的影响，驾驶员在行车过程中往往会产生各种各样的错觉，导致错误操作而造成险情。因此，驾驶员应了解这些易引起错觉的情境，并在行车中加以预防，才能更好地保证行车安全。

常见的驾驶错觉有以下三种：

1. 速度错觉

在行车过程中，驾驶员有时是以观察到的景物移动作参照物来估计车速的，并不是完全依靠车辆自身车速表的指示针来判断。比如：路边景物较多时易高估车速，景物较少时易低估车速；长时间以某 速度行驶后会对该速度产生适应，对其余速度易错估，特别是高速低估，这是非常危险的。机动车从郊区驶进城区易发生追尾事故，通常就是高速低估导致的。

2. 弯度错觉

驾驶员在道路上行驶速度的快慢，经常随道路的弯度而改变，变速的程度也会造成错觉。在

弯度错觉

连续转弯的山区道路上行驶，驾驶员会感到弯度变小，所以在行驶中高速连续急转弯是非常危险的。

3. 光线错觉

太阳光、反射物体的亮光、车头迎光、夜间远光灯强光等，会使驾驶员的视觉一时难以适应，如并行车辆的车窗、阳光下路旁树木交替变换的阴影、进出隧道时光线的变化等，都容易使驾驶员产生眩晕，形成光线错觉，从而导致操作失误。

第二节 危险就在一瞬间——驾驶员的注意

一个专注的人，往往能够把自己的时间、精力和智慧凝聚到所要干的事情上，从而最大限度地发挥积极性、主动性和创造性，努力实现自己的目标。

——丹尼尔·戈尔曼

> **注意不集中易引发事故**
>
> 2017年4月20日16时54分许，某公交公司驾驶员党某驾驶大型普通客车由北向南行驶至南大街大礼堂公交港湾处时，与由北向南行走的行人胡某某相撞，致胡某某受伤，经抢救无效于当日死亡，造成重大交通事故。
>
> 驾驶员党某驾驶机动车从上午11时开始，一直到下午近17时事故发生，中途只有到终点站时才可以稍作休息，单调的工作持续了近6个小时。从事故发生时的监控视频可以看到，驾驶员党某精神恍惚，注意明显不集中。

上述案例中，驾驶员党某疲劳驾驶，注意力降低，是导致交通事故的主要原因。驾驶员在行车过程中，要及时觉察自己的身心状况，保持良好的驾驶状态，避免因注意不集中而引发交通事故。

一、注意

（一）什么是注意

注意是心理活动对一定对象的指向和集中。我们常说的"聚精会神""专心致志""全神贯注"等就是指"注意"。注意力是指人的心理活动指向和集中于某种事物的能力。注意是保障安全驾驶的基本心理品质。在驾驶环境中，车辆和行人的移动、交通标志和信号信息纷繁复杂，驾驶员必须将注意集中到道路交通信息上面。

车辆行驶过程中，驾驶员必须通过不断学习、观察、体会、总结道路交通情况和所驾驶车辆的技术状况，经过分析、思考做出正确的判断，采取必要的措施，以保证车辆正常安全运行。如果驾驶员思想不集中，对外界客观情况未引起注意，就会导致视而不见、听而不闻、判断失误、操作出错，从而引起事故的发生，这种案例可谓是屡见不鲜。因此，为确保安全行车，驾驶员应该了解注意这种心理现象及其规律，知道怎样集中注意，怎样分配注意，怎样扩大注意范围，熟悉并遵守道路交通安全法的行车规定等。

（二）注意的特征

1. 注意的广度

注意的广度（也称注意的范围），是指在同一时间内，人能够清楚地觉察或认识的对象的数量。人的注意广度是有限的，比如对数字的注意广度为5~9个，所以车牌号一般都不超过6位数；又比如，当道路交通标志密集时，驾驶员只能同时识别不超过3个标志，因为驾驶员还要同时完成驾驶操作、识读仪表等。

2. 注意的稳定性

注意的稳定性是指注意能够集中在一定对象或活动上的持续时间。与其他活动相比，驾驶车辆更需要注意的稳定性。因为汽车运行速度快，车外的环境瞬息万变，稍微不注意就会忽略某些重要的情况而发生事故。因此，要控制注意的稳定性，把注意持续地保持在驾驶活动上。

3. 注意的分配

注意的分配是指在同一时间内，人们把注意指向不同的对象，同时从事几种不同的活动。驾驶员在行车过程中，手握转向盘、脚踩加速踏板或制动踏板、眼观后视镜等活动，就是注意的合理分配。如果不能合理分配注意，顾此失彼，则容易发生交通事故。

4. 注意的转移

注意的转移是指人的注意从一个事物及时转移到另一个事物上。比如驾驶员在一般情况下是目视前方道路行驶的，当需要观察旁边道路信息时，需要扫描后视镜来判断路况，这个过程的速度和准确度取决于注意转移的速度。

拓展阅读

毛泽东闹市读书的故事

毛泽东在湖南第一师范学校读书的时候，特意到喧闹的地方去看书，比如长沙街头的菜市场。他每天都坐在闹市看书，以培养自己看书的静心、恒心，锻炼自己的注意力，使自己在学习时心绪不受外界干扰，在任何时间和场所都能够很好地学习。

对于驾驶员而言，注意集中是安全驾驶的重要保障。很多驾驶员在长期的驾驶工作中，养成了较强的注意力，无论环境千变万化，都能自然地把注意放在驾驶工作上。而有的驾驶员常常会因为道路拥堵、天气炎热、别人不遵守交通规则等外界因素而心烦意乱，影响驾驶工作，甚至产生路怒情绪。当你觉察到自己有这些情况时，就需要注意调节情绪，培养注意力。否则，你的身心健康都会受到影响，甚至带来安全隐患。

二、驾驶中常见的注意不集中现象

（一）注意缺乏

驾驶员注意缺乏是指驾驶员由于选择去注意一些无关紧要的事物，而延误了对重要的安全信息的识别。

驾驶员注意缺乏的情况主要有：由于某些自身原因，如视力因素，导致无法观察到影响安全驾驶的关键信息；在驾驶过程中只注意了部分信息，没有优先注意更重要的信息；忽视了影响安全驾驶的关键信息；只是粗略或草率地处理影响安全驾驶的重要信息；驾驶员的注意从驾驶的关键活动偏离到其他活动上……以上情况都会使驾驶员在从事驾驶活动时，注意投入不足，无法保证行车安全。

（二）无意视盲

无意视盲现象是指即使某些刺激物出现在视野中，观察者也并没有觉察到这些刺激物的存在。简单来说，当人们把自己全部的视觉注意集中到某个区域或物体时，他们会忽略那些不被看到的东西，尽管有时那些不被看到的东西是很明显的。这种现象在我们的现实生活中普遍存在，它是许多交通事故的罪魁祸首。

日常生活中，常常出现因为视盲导致"视而不见"的交通事故。虽然驾驶员的视线落在了道路中的危险对象上，但是并没有注意到危险，从而引发交通事故。统计发现，国外某城市车辆相撞事故78%~90%的原因，就是碰撞双方中至少一方的驾驶员没有及时看见对方车辆。在这些事故中，大约50%是由于双方驾驶员都没有看见对方车辆。很多肇事驾驶员表示，事故发生时一直在注视道路，但是并没有看见其他车辆。

（三）分心驾驶

分心驾驶是指驾驶时注意指向与正常驾驶不相关的活动，从而导致驾驶操作能力下降的一种现象。驾驶员视线偏离或分心产生的注意不集中，是引发交通事故常见且重要的原因，这一原因在追尾碰撞事故中表现得尤为显著。

驾车玩手机

近年来，随着智能手机的普及，驾车时使用手机的现象极为多见，有些驾驶员会在行驶途中使用手机回复信息或查看导航。看一眼手机通常需要3秒钟，假如汽车以60公里/小时的速度行驶，那么3秒钟就会盲目行驶约50米，这种情形极易诱发交通事故。

分心驾驶不仅包括行车时使用手机，还包括交谈、思考问题、生气、吃东西、抽烟、东张西望等。行车过程中，不经意间的一个视线转移或短暂的思绪纷飞，很可能就是一次事故的"罪魁祸首"。因此，为了自己和他人的生命财产安全，请拒绝分心驾驶。

分心驾驶

三、注意力的改善

1. 适时休息

单调、疲劳或者嗜睡等都会降低驾驶员的注意稳定性。驾驶员如果感到自己无法保持注意，就需要及时停车并休息一会，或者下车活动一下。公交车驾驶员无法中途停车休息，因而一定要养成按时作息的习惯，确保上班时间有充沛的精力。特别是有些驾驶员因抑郁情绪影响睡眠的时候，要积极进行自我调整；如果自己处理不了，要及时寻求专业心理咨询和心理治疗的帮助。睡眠障碍导致精力不足的时候，一定要暂停驾驶，否则会非常危险。

2. 适当保持兴奋

在行车过程中保持适度的兴奋是非常重要的。驾驶员应该从心里爱上驾驶工作，在行车过程中保持愉悦的心情。在日常生活中，要养成科学的作息习惯，注意饮食的营养搭配，保持旺盛的精力和体力。如果非常讨厌驾驶工作，就需要调整心态或调整工作。否则，带着厌恨驾车也是非常危险的。

3. 丰富知识和实践

关于安全行车的知识越渊博、经验越丰富，驾驶员的注意范围就会越广。如果驾驶员既熟悉交通规则和安全规程，也掌握了安全行车的基本要领和经验，又懂得汽车结构原理和维修技术，那么他便能把与驾驶有关的孤立事情综合成一个整体来感受，这样一来，注意范围便宽广了。

4. 进行注意力训练

注意力是可以通过训练提高的，它是一种心智的肌肉，最简单有效的办法就是练习腹式呼吸。每天开始驾驶工作前，做3~5分钟的腹式呼吸，可以让自己感觉精力充沛、注意集中。等红灯的时候，堵车的时候，我们都可以抓紧时间做几个缓慢而又悠长的深呼吸，这不仅可以提高注意力，还可以使我们的情绪平静下来。

堵车时做深呼吸

拓展阅读

身心合一，专注驾驶

当你在驾驶的时候，你的手和脚操控着车辆，而你的心也专注在驾驶工作上吗？你可以觉察到此时此刻，自己的脑海中可能会跳出来其他的想法，比如孩子的成绩总是不理想怎么办；昨天爱人和我吵了一架；朋友借了我的钱，催了几次都不还；等等。人的心就像一只猴子，总是会跳来跳去，有时让自己不要想都做不到。身体在驾驶车辆，但心没有完全在驾驶工作上，这种身心分离的状态必然会影响驾驶安全。

当我们觉察到自己分心的时候，先不要责怪自己，试着关注自己的呼吸。呼吸像是一个锚，可以把四处飘散的注意拉回来，让自己的心放轻松。遭遇堵车时，等待红灯时，不要让自己陷入焦躁的情绪中，试着认真地、不带评价地观察路况，也可以感受一下双腿稳稳地与汽车坐垫接触的感觉，让自己进入一种平静专注的状态。在专注而又平静的状态下完成一天的工作，你会感觉很轻松、很愉快，也更加安全。

请根据下述舒特尔训练法来测试和提高你的注意水平。在这张卡片中，请从1开始，按顺序边诵读、边指出相应的数字，直到25为止。施测者在一旁记录所用时间。数完25（5×5）个数字所用时间越短，表明你的注意水平越高。

如果你的成绩在8~19秒之间，恭喜你是注意水平的高手。假如你愿意的话，可以将方格中的数字增加到36（6×6），49（7×7），64（8×8），看看你的成绩还是很高吗？

6	25	5	23	8
19	21	16	9	22
3	2	24	7	10
15	18	1	13	11
4	20	17	12	14

第三节 坚持才能到达终点——驾驶员的需要和意志

心理名言

尽管我们用判断力思考问题,但最终解决问题的还是意志,而不是才智。

——沃勒

案例导入

> **大巴车驾驶员被砸晕,凭意志力停车救人**
>
> 2018年7月9日凌晨3点多,在京港澳高速公路东莞段石鼓出口附近,朱师傅正驾驶一辆载有30多人的长途大巴车,沿高速公路的中间车道行驶,突然遭到车外一个铁块袭击,破窗而入的铁块直接把他砸致昏迷。
>
> 朱师傅昏迷后,大巴车仍以90多公里的时速直线行驶。车上的工作人员发现情况后,马上一边扶着转向盘,一边试图将朱师傅唤醒。几秒钟后,朱师傅恢复了意识,凭着意志力把车停了下来,车上30多名乘客平安无恙。当120急救人员到场时,朱师傅再度昏迷,他被紧急送往附近的医院抢救。经检查,朱师傅面部多处骨折,牙齿脱落达13颗。

上述案例中,朱师傅在身体遭到重创的时候,还牢记自己的责任,强忍剧痛,凭着意志力完成停车操作,保护了乘客的生命安全。意志力是我们完成所有任务,尤其是在遇到困难时都必须具备的品质。

一、需要

(一) 什么是需要

需要就是人对某种目标的渴求或欲望,是人的行为的动力基础和源泉,是人脑对生理需要和社会需求的反映。

人为了生存,就要满足他的生理需要。例如,饿了就需要食物,冷了就需要衣服,累了就需要休息。同时,人为了生存和发展,就必然产生社会需求。例如,通过劳动创造财富,改善生存条件;通过人际交往沟通信息,交流感情,相互协作。人有需要,就必须努力去追求、去争取。

(二)人的基本需要

美国心理学家马斯洛提出了著名的需要层次理论,认为人的需要是分层次的、多方面的,他将人的基本需要从低到高分为下列五个层次:

(1)生理需要。包括衣、食、住、行等生理机能的需要。这是人类最原始、最基本,也是最优先的需要,代表了人的生物属性。

(2)安全需要。包括人身安全、劳动安全、职业安全等免受生理和心理上侵害的需要,是在生命体得以维持之后所产生的高一级的需要。

马斯洛需要层次理论

(3)社会需要。即爱与归属的需求,包括两个方面:一是爱的需要,即希望伙伴之间、同事之间关系融洽,保持友谊与忠诚,希望得到爱情;二是归属的需要,即希望归属于一定的群体和集团,为团体和社会所接纳。

(4)尊重需要。包括自尊与他尊。自尊,即希望在各种不同的情境中有实力,能胜任,充满信心,有独立自主的人格;他尊,即希望有地位、有名誉、有威望,受到别人尊重、信赖,得到好的评价,希望个人的能力、成就得到团体和社会的认可。

(5)自我实现需要。希望实现个人的理想、抱负,最大限度地发挥个人的潜能,希望自己越来越成为自己所期望的人,完成与自己能力相称的一切事情,取得最大的成就,得到最大的满足。这是最高层次的需要。

二、意志

(一)什么是意志

意志是指个体有意识地支配、调节自身行为,通过克服困难,实现预定目标的心理过程。人们常说,"功夫不负有心人""有志者事竟成",其实讲的就是意志的作用。

意志力是指一个人自觉地确定目标并根据目标来支配、调节自己的行动，克服各种困难，从而实现目标的品质。在行车过程中，驾驶员会遇到很多选择和困难，良好的意志品质可以帮助我们更好地克服困难，保证驾驶安全。

意志的品质包括自觉性、果断性、自制性、坚持性四种，具体介绍如下：

1. 自觉性

自觉性是指对行动目标有明确的认识。从交通安全角度讲，驾驶员的意志自觉性就在于把实现交通安全作为基本需要，自觉调节自己的行动，认真完成各项工作任务，即使遇到困难和干扰，也能全力以赴克服困难。与自觉性相反的品质是盲目性，这种不良品质在一些驾驶员身上有不同程度的表现，他们不懂交通安全的社会意义，盲目行事，不遵守交通规则，随心所欲地驾驶。这实质上是意志力薄弱、缺乏自觉性的一种表现。

2. 果断性

果断性是指一个人善于明辨是非，能够迅速而合理地采取决定和执行决定的一种意志品质。与果断性相反的品质是动摇性，即应该做出决断时却优柔寡断，迟疑不决。动摇性的危害极大，往往影响驾驶员对客观情况的正确判断，影响紧急措施的采取，以致延误时机而引发交通事故。

3. 自制性

自制性是指一个人善于控制自己情绪、约束自己言行的一种意志品质。对于驾驶员来说，善于忍耐，善于调节不良心态，遇事沉着冷静，处事周全，都是自制性的表现。与自制性相反的品质是冲动性。具有冲动性的驾驶员往往缺乏自我约束，为情绪所左右，一旦产生不良的动机和情绪，就会把交通安全置于脑后，违章肇事。所以，驾驶员应虚心接受批评和建议，服从管理，具备良好的自制性，克服冲动性。

4. 坚持性

坚持性是指一个人执行决定时坚持不懈，以坚定的决心和顽强的毅力，克服困难，实现预定目标的一种意志品质。具有坚持性的驾驶员，能坚决执行决定，不受危害交通安全的各种因素的干扰。与坚持性相反的品质是软弱性，表现为在工作中虎头蛇尾，半途而废，面对困难畏缩不前。驾驶员要完成大量的驾驶任务，这要求具备较好的坚持性。

（二）意志行动与安全驾驶

意志是通过行为表现出来的，受到意志支配的行为叫作意志行动。意志行动可分为准备和执行两个阶段。其中，准备阶段要在思想上权衡行动的动机，确定行动的目标，选择行动的方法，并做出行动的决定；执行阶段需要反复修正自己的行动方案，审定自己的目标，检查自己行动的方法和手段，开始行动，并实现预定目标。

克服困难完成驾驶任务

俗话说，有志者事竟成。意志对于一个人所从事的工作或事业的成功具有极其重要的意义。任何复杂的工作或伟大的事业，总是存在一定的困难。一个人能否顺利完成自己所从事的工作或事业，除了能力大小的影响之外，意志是另一个很重要的因素。一个意志力薄弱，遇到困难就畏缩不前，半途而废，放弃远大奋斗目标的人，是不可能取得任何重大成就的。

意志控制就是要克服在实现目标过程中的障碍，这些障碍可能是外部障碍，也可能是内部障碍。其中，外部障碍是指外界的干扰，如复杂路况、恶劣天气等，需要驾驶员耐心仔细应对；内部障碍是指与实现目标相冲突的内心干扰，如疲劳、分心等。驾驶员可以通过坚持科学的训练方法，提高自己的意志力。

（三）意志品质的培养

1. 提高认识，确立目标

驾驶员对意志行动的社会意义的认识是驾驶安全的关键。要培养驾驶员良好的意志品质，必须加强道德教育和遵章守法教育，不断提高认识能力，明确自身行动的目标和意义、行动的方式和手段，自觉克服困难，做到安全行车。驾驶安全与生命安全息息相关，驾驶员还应该接受生命教育，懂得生命的意义，重视生命的价值，珍爱自己和他人的生命，从尊重生命的角度重视驾驶安全。

2. 不断磨炼，培养韧性

驾驶车辆的过程，也是磨炼意志的过程。驾驶员必须刻苦训练驾驶技能，适应艰苦的驾驶环境，只有这样，才有利于培养良好的意志品质，才能抵御各种不良因素的干扰，克服行车过程中的困难，把驾驶安全贯彻到底。

3. 掌控自我，调节情绪

在做决定的过程中，驾驶员的情绪状态直接影响行为效果。因此，要培养驾驶员良好的意志品质，需要掌控自我，正确认识挫折与失败，有意识地、自觉地调节和克制自己的不良情绪，从而保持乐观稳定的情绪。

第四节 精力充沛才行车——疲劳与驾驶安全

 **心理名言**

只知道工作而不知道休息的人，犹如没有制动器的汽车，极为危险；而不知道工作的人，则和没有发动机的汽车一样，没有丝毫用处。

——福特

 案例导入

陕西安康"8·10"特大交通事故

2017年8月10日23时许，陕西省安康市境内京昆高速公路安康段秦岭1号隧道发生一起大客车碰撞隧道洞口的特大交通事故，造成36人死亡、13人受伤。经调查认定，驾驶员疲劳驾驶和超速行驶是本起事故的直接原因。

经查，自8月9日12时至事故发生时，驾驶员王某没有落地休息，事发前已在夜间连续驾车长达2小时29分；且7月3日至8月9日这38天的时间里，他只休息了2天，其余时间均在执行长途班线运输任务，长期跟车出行导致休息不充分。发生碰撞前，驾驶员王某未采取转向、制动等任何安全措施，显示他已处于严重疲劳状态。

我们都知道，在疲劳状态下驾车是非常危险的。当我们总想着尽快到达目的地的时候，就会忽视身体的感觉。当我们身体疲倦的时候，大脑不可能按照主观意志的要求保持清醒，如果驾驶员的感知与反应无法保持正常，则很容易发生交通事故。

一、驾驶疲劳

（一）什么是驾驶疲劳

驾驶疲劳是指驾驶员在长时间连续驾车后，生理机能和心理机能产生失调，在客观上出现驾驶技能下降的现象。疲劳不仅会导致驾驶员出现判断能力下降、反应迟钝、操作失误增加,甚至会出现无意识操作或者短时间睡着的情况,严重时会失去对车辆的操控能力,极易引发交通事故。

  《中华人民共和国道路交通安全法》第二十二条规定:"机动车驾驶人应当遵守道路交通安全法律、法规的规定,按照操作规范安全驾驶、文明驾驶。饮酒、服用国家管制的精神药品或者麻醉药品,或者患有妨碍安全驾驶机动车的疾病,或者过度疲劳影响安全驾驶的,不得驾驶机动车。

  任何人不得强迫、指使、纵容驾驶人违反道路交通安全法律、法规和机动车安全驾驶要求驾驶机动车。"

  《中华人民共和国道路交通安全法实施条例》第六十二条第七款规定,驾驶机动车不得有下列行为:"连续驾驶机动车超过4小时未停车休息或者停车休息时间少于20分钟。"

  《道路运输车辆动态监督管理办法》(交通运输部令2016年第55号)第二十五条规定:"客运驾驶员24小时累计驾驶时间原则上不超过8小时,日间连续驾驶不超过4小时,夜间连续驾驶不超过2小时,每次停车休息时间不少于20分钟。"

(二)驾驶疲劳产生的常见原因

1. 睡眠问题

  睡眠与觉醒对于驾驶行为影响很大。如果违背睡眠规律就会产生疲劳,导致工作效率减退,甚至发生交通事故。

  (1)睡眠时间:一般成人睡眠时间为每天5~9小时,以7.5小时为平均数;据调查,驾驶疲劳肇事驾驶员的睡眠时间大多在3.5小时以内,可见充足的睡眠时间对驾驶员非常重要。

  (2)睡眠时刻:每天睡眠的最佳时段是23:00—次日7:00。驾驶疲劳导致交通事故的时间多为深夜、凌晨和午后,即在中午11:00—13:00、深夜24:00—凌晨2:00、凌晨4：00—6：00，这些时段刚好是人需要午休或深睡眠的时候。

（3）睡眠质量：除了睡眠时间的保障外，睡眠质量的高低也会影响人的觉醒状态。睡眠质量越高，人的工作能力恢复得越快。

2. 驾驶时间过长

驾驶员坐在固定的驾驶座位上，频繁地重复一些单调的动作，并不断处理车内外各种复杂信息，因此大脑需要时刻保持高度清醒，才能保证行车安全。大脑活动高度集中时，需要较多的氧气供给，而长时间连续行车会使驾驶员脑部供氧不足，容易出现疲劳现象。随着连续工作时间的增加，疲劳感也会加剧。

通常上午10：00—11：00人会感到有些疲倦；午饭后易困乏打盹；晚上11：00后睡意增强；午夜、特别是凌晨3：00—4：00睡意最强。因此，驾驶员可以根据这些睡眠规律，合理安排休息和睡眠。

3. 社会生活环境不良

人际关系、生活压力、工作态度、工资待遇、奖惩制度、家庭困难等，这些社会生活因素与驾驶员的心理疲劳关系极为密切，甚至比生理、环境因素更重要，持续时间也更长。负面的家庭与工作环境、夫妻关系不和谐、同事关系紧张等，都会导致驾驶员烦躁不安，在行车过程中注意不集中、胡思乱想，身心极易产生疲劳，从而使得肇事的可能性增大。

4. 车内环境不适

车内空气质量差、通风不好，温度、湿度过高或过低，噪声和振动严重，座椅调整不当等，都会对大脑皮层有一定的刺激作用，超过一定限度后，就会对人产生不良影响，导致疲劳产生。

5. 车外环境恶劣或过于单调

道路条件、交通条件（流量、秩序）、交通管理设施、气候条件等，都会影响驾驶员的疲劳程度。如在午后、傍晚、凌晨、深夜时段行车；道路线形和地形复杂，能见度低；道路崎岖不平，路面状况差；风沙、雨、雾、雪等恶劣天气行车；交通标志缺失、交通环境差或交通拥挤、交通秩序混乱……都会使驾驶员更加疲劳。此外，道路线形、道路景观单一、信息缺乏等，使得驾驶员受到外界信息的刺激减少，也容易引起疲劳感，导致驾驶员昏昏欲睡。

小贴士

驾驶疲劳的影响等级

疲劳形成因素	典型事例	影响等级
驾驶时间不合理	长时间、长距离行车不休息；违背生理规律，经常在夜间时段行车	★★★★★
车内外环境不良	车内空气、温度、音响及舒适度等不利于平稳驾驶；车外环境复杂、路面状况差，疲于应对；行驶环境单调，产生困倦	★★★★★
生活环境不良	居住地离工作地点过远；交际太广，社交活动时间太长；家务琐事繁多或家庭关系不和睦，精神负担重	★★★
睡眠质量差	习惯性熬夜，睡眠时间过少；睡眠效果差；睡眠环境不良，不能保证睡眠质量	★★★★
驾驶经验不足	驾驶经验不足易导致操作生疏和困难，增加驾驶的紧张感和疲劳度	★★★
身体条件不适应	身患疾病或处于生理特殊时期；情绪低落	★★★

二、驾驶疲劳的表现

（一）生理机能下降

驾驶疲劳产生后，驾驶员的生理机能会下降，并伴随着出现下列一些症状：

（1）视觉系统。视觉模糊，视敏度下降，眼睑下垂，眼睛发涩，眼眶下陷发黑，眼球颤动，眨眼次数增多，目光呆滞等。

（2）听觉系统。听力下降，辨不清声音方位和大小，出现耳鸣。

（3）呼吸系统。气喘、胸闷、呼吸困难，呼吸道和咽喉干燥。

（4）消化系统。唾液分泌减少，食欲减退，消化不良，腹胀、腹泻或便秘。

（5）循环系统。心跳加快，血压改变。

（6）面部。表情呆板、肌肉松弛，颜面无光。

（7）肌肉骨骼。肌肉疼、关节痛、腰酸、背痛、肩痛、手脚酸胀。

（8）中枢神经系统。代谢及功能水平下降，导致心智活动水平下降。

驾驶疲劳程度严重时，会出现头脑昏沉、困倦、闭眼时间延长甚至打瞌睡的现象。

（二）心理失衡

驾驶疲劳发展到一定程度，驾驶员就会出现下列心理失衡现象：

1. 感知机能弱化

一般而言，只要经过4小时的连续驾驶，驾驶员的大脑就会产生疲劳，开始出现感觉迟钝，知觉能力降低。驾驶疲劳将引起错觉、动视力降低、听觉迟钝、触觉和运动的敏感性减弱等。在疲劳状态下，驾驶员辨认交通标志的能力大大下降，与正常状态相比要遗漏30%以上；识别距离的能力也只有正常情况的50%左右。

疲劳驾驶

2. 注意功能失调

疲劳会引起注意范围缩小，导致驾驶员出现分心、走神。驾驶员此时的注意分配和转移出现困难，经常容易丢失重要的交通信息，反而去注意次要的信息；同时，容易把能够看得到的东西漏看或错看，再加上视力下降、注意分散、反应迟缓、判断力降低，驾驶员处理各种情况的能力大大下降。

3. 记忆思维能力变差

驾驶疲劳有损驾驶员的记忆思维，造成头脑不清醒，对外界事物的思维判断力下降。在过度疲劳时，往往会忘记操作程序，违反交通规则，如转弯时忘记打开转向灯、不观察车侧及车后情况、走错路线等。

4. 反应时间延长

研究结果表明，不同年龄的驾驶员疲劳后的反应时间比疲劳前平均增加0.1秒左右，有的甚至在0.2秒以上，尤其是对红色信号的反应时间显著增长。

5. 操作不准确或错误

驾驶疲劳发生之后，驾驶操作的动作准确性下降，协调性受到破坏，自动化程度降低，以致出现体力减弱，操作无力，转向、换挡等操作不灵活，加速、制动等操作不协调。疲劳时，驾驶员的判断错误和驾驶操作错误都大大超过平时。

6. 困倦瞌睡

疲劳发展到最严重的情况时，会导致驾驶员在行车时发生瞌睡现象。这时，驾驶员对于车内外的一切信息茫然无知。在交通信息中断的条件下，驾驶员根本无法进行正常的驾驶活动，因此必将引发事故。

不同疲劳程度下的驾驶行为对比

驾驶操作	驾驶行为		
	正常状态	疲劳状态	瞌睡状态
车速控制	加速、减速敏捷	加速、减速时间较长，反应缓慢	速度变换较慢或干脆不变
方向控制	能迅速、正确地做出判断，并不断地调节操作动作	不能及时迅速地做出调节性操作，甚至产生错误操作	停止操作
身体动作	操作姿势正常，无多余动作	出现较多的身体动作，如搓揉颈和头，伸懒腰、眨眼，左右摆头	睡眠，身体摇晃

三、驾驶疲劳的预防措施

1. 保证足够的睡眠时间和良好的睡眠效果

驾驶员应确保充足的睡眠，这对于防止疲劳、保持旺盛的精力是非常必要的。睡眠是消除疲劳、恢复体力的最好方式。养成按时就寝的习惯和良好的睡眠姿势，每天保持7~8小时的睡眠；睡前1.5~2小时内不饮食，睡前1小时内不过多饮水、不进行过度脑力工作；卧室内保持通风、清洁，床不宜太软，被子不要过重、过暖，枕头不宜过高。

2. 养成良好的饮食习惯，提高身体素质

合理膳食，保证营养均衡，以摄取足够的蛋白质和营养物质。多吃瘦肉、鸡、鱼和奶制品等富含蛋白质的食品，有助于提高人的精力。同时，要常吃葡萄、橘子、香蕉、苹果等富含钾元素的水果，因为钾是帮助维持细胞水分的主要矿物质之一，钾的缺乏会使人感到软弱无力，影响注意的集中。

3. 科学安排行车时间，注意劳逸结合

科学合理地安排行车时间和计划，注意行车途中的休息。长途驾驶3小时左右，身体出现轻度疲劳时，应停车离开驾驶室，下车活动十几分钟，呼吸车外的新鲜空气，使肌肉、神经、感官得到一定的放松和休息。在高速公路上行驶时，最好

良好的饮食习惯

每隔1.5~2小时到服务区休息一下；当感觉有点疲倦或有睡意时，不要再继续驾驶，最好立即休息。夜间长时间行车时，应由2人轮流驾驶，交替休息，每人每次驾驶时间应控制在2小时内，且尽量不在深夜行车。

4. 关注自己的疲劳程度，适时地减轻和改善疲劳状况

驾驶疲劳有许多警示信号，比如：打哈欠、眼睛感觉酸重发沉、视野模糊、产生幻觉、注意难以集中、焦躁、感觉饥饿和口渴、反应变慢、身体感觉僵硬、不必要的挡位变换、经常偏离车道等。当有了以上现象时，就要及时觉察自己是否已经出现驾驶疲劳症状。如果只是轻微的症状，可以给驾驶室通风，降低驾驶室温度，用清凉空气刺激面部；或者在安全停车的情况下喝几口行车前准备好的茶水等。如果无法缓解，就应及时停车休息，确保精神状况好转后再驾驶。

5. 疲劳预警设备的应用

疲劳预警设备通过智能视频分析等手段，对人眼闭合、表情等进行解析，从而检测驾驶员是否处于驾驶疲劳状态；如果是，设备就会发出警报，提醒驾驶员注意安全。例如，眨眼监控系统是由红外线摄像机持续地记录驾驶员的眨眼频率以及每次闭眼的时长，一旦发现闭眼超时，驾驶室内就会响起警告信号。应当说明的是，疲劳预警设备仅用于身体困倦时的提示，绝不能取代正常睡眠和驾驶休息。

预防驾驶疲劳的误区

行车过程中，为预防驾驶疲劳，驾驶员可能会采取一些不可取的措施。这些措施不仅无法有效缓解疲劳，反而会在一定程度上加大疲劳的严重程度。常见预防驾驶疲劳的误区如下：

（1）音乐刺激。高分贝的音乐刺激只能使驾驶员短时间兴奋，兴奋过后却是更大程度的疲劳感。

（2）服用药品。同音乐刺激一样，驾驶员在服用抗疲劳药品后会在一定时间内缓解疲劳，但药效过后会使疲劳程度增加。

（3）嚼口香糖。只能从心理上起到一定的作用，仅能在较短时间内缓解疲劳，对预防驾驶疲劳没有实质性作用。

（4）调节座椅。驾驶员的驾驶姿势可以得到调整和放松，但不能从根本上缓解驾驶疲劳。

驾驶疲劳的判断方法

行车中如果出现下面表格中的任何一项行为或症状,那么表明你可能正处于驾驶疲劳的危险状态,应及时采取措施进行调整和休息,避免疲劳程度进一步加重。

序号	驾驶员状态	是	否
1	是否不停地打哈欠?		
2	眼睛是否开始感到灼痛?		
3	眼睛是否不由自主地闭上或者经常转换视线的方向?		
4	是否经常性地在车座上滑动?		
5	是否无故偏离车道?		
6	是否无故采取制动操作?		
7	保持固定车速都感到困难?		
8	是否能够准确判断与其他车辆的横向间距?		
9	调整转向盘的次数是否减少,且调整时的幅度很大?		
10	是否思维随意且不连续,不能回忆起最近几公里的驾驶情形?		
11	是否有不自觉地睡着几秒或更长时间,然后突然醒来?		

第四讲

FOUR LECTURE

情绪管理与情商培养

第一节　我的情绪我做主——情绪管理

生活就是一面镜子。你笑，它也笑；你哭，它也哭。

——萨克雷

> **公交车驾驶员犯"路怒症"被判缓刑**
>
> 　　2020年1月6日中午12点，石某驾驶的公交车行驶到辽阳县首山镇红黄蓝幼儿园站点时，因会车问题与另外一名公交车驾驶员张某发生了争执，两人互相辱骂。随后，张某把自己的公交车停在路旁，来到石某的公交车上，与正在驾驶的石某继续发生争吵。石某驾车行驶接近首山镇中心招待所门前时，张某用手拉拽石某正在把持公交车转向盘的右手。石某从驾驶员位置起身，双手离开转向盘与张某厮打起来，造成车辆在行驶过程中晃动，给公交车外的行人及车内5名乘客造成极大的安全隐患。2020年10月，这两名公交车驾驶员因危险方法危害公共安全罪分别被判缓刑。

　　快节奏的现代社会里，人们积压了许多负面情绪，如果不进行调节疏导，一件微不足道的小事便可能成为导火索，导致"火山"喷发，就如上述案例中的"路怒"情绪，很容易引发不可挽回的交通事故。相关研究表明，在影响驾驶员安全行车的诸多因素中，情绪是一个重要的方面，且与安全行车关系极大。因此，调节好驾驶员的情绪已成为确保行车安全的关键。

一、情绪

（一）什么是情绪

　　一般认为，情绪是指人对客观事物的态度体验及相应的行为反应。情绪是个体适应生存和发展的一种重要方式，人们通过各种情绪了解自身或他人的处境与状况，适应社会的需要，求得更好的生存和发展。

情绪包括三种成分：在认知层面上的主观体验，在生理层面上的生理唤醒和在表达层面上的外部行为。当情绪产生时，这三种成分共同作用，构成一个完整的情绪体验过程。

主观体验是人的一种自我觉察，即大脑的一种感受状态。生理唤醒是一种内部的生理反应过程，常常是伴随不同情绪产生的。情绪作为一种内心体验，一旦产生，通常会伴随相应的非言语行为，如面部表情和身体姿势等。

（二）情绪的分类

情绪的分类没有定论，按照需要是否获得满足而使人产生的各种心理体验，可将情绪分为快乐、愤怒、恐惧和悲哀这四种基本类型：

快乐——指一个人盼望和追求的目标达到后产生的心理体验。

愤怒——指所追求的目标受到阻碍、愿望无法实现时产生的心理体验。

恐惧——指企图摆脱和逃避某种危险情境而又无力应付时产生的心理体验。

悲哀——指心爱的事物失去或理想和愿望破灭时产生的心理体验。

（三）情绪的状态

根据情绪发生的强度、持续性和紧张性，可将情绪分为心境、激情和应激三个状态。

心境是一种微弱的、持续时间较长的情绪状态，对工作、生活有很大影响。积极良好的心境有助于发挥积极性，提高工作效率，增强勇气和信心；而消极不良的心境使人厌烦、消沉。

激情是一种强力、短暂而具有爆发性的情绪状态，如：狂喜、愤怒、恐惧、绝望等。积极的激情能激励人克服艰险，攻克难关，鼓舞斗志，调动潜力；而消极的激情往往束缚认识，抑制分析能力，削弱自控能力。

应激是一种在出乎意料的紧迫情况下引起的急速而高度紧张的情绪状态。应激是驾驶员经常出现的情绪状态，如：在快速行车时，突然有人横穿马路；在下坡行驶时，机件突然失效等，这些都需要驾驶员迅速判断情况，利用过去积累的经验，集中注意和精神，在一瞬间做出决定。

（四）情绪管理

情绪管理，是指通过研究个体和群体对自身情绪和他人情绪的认识，培养驾驭情绪的能力，并由此产生良好的管理效果。换言之，就是用心理科学的方法有意识地调适、缓解、激发情绪，以保持适当的情绪体验与行为反应，避免或缓解不当情绪与行为反应的实践活动。情绪管理包括认知调适、合理宣泄、积极防御、理智控制、及时求助等方式。

喜、怒、哀、乐都是人的正常情绪，所谓的情绪管理并不是让我们不要消极情绪，而是提倡从觉察情绪开始，学会表达情绪，转化情绪，并用适合自己的方法来达到情绪平衡。

一个心理素质好、情绪稳定的驾驶员，社会责任感强，能专注驾驶，技术良好，礼让他人，在同样条件下事故率和损失的程度较低。相反，麻痹大意、骄傲自满、斗殴赌气、时而狂喜时而沮丧、紧张、恐惧、急躁的心理和情绪会对安全行车构成极大的威胁。

情绪管理的四个"不"

1. 受辱不怒

在生活中，每个人难免有受辱的情况。若因受辱而震怒，逞匹夫之勇，虽一时痛快，却会留下许多隐患。作为一名驾驶员，应深刻认识到发怒的后果，主动制怒，善于制怒，牢记"忍一时风平浪静，退一步海阔天空"的道理。

2. 遇喜不狂

人在遇到让自己兴奋的事时，千万不可忘乎所以。驾驶员在兴奋时，容易开快车助兴，动作幅度也会比平时大许多，对外界环境里的危险易估计过低，造成乐极生悲。

3. 有悲不伤

人在悲痛时，反应能力会比较迟钝，整个身心被悲痛笼罩，对外界的关注程度明显降低。驾驶员行车前如遇到伤心悲痛之事，应避免行车，待内心平静后，再集中精力驾驶。

4. 遇险不慌

驾驶员在长期的行车过程中，难免遇到险情。在遇到险情的一瞬间，最重要的是稳定自己的心态。其次是调整自己的情绪，急中生智，寻找对策。遇险如果一慌神，便会束手无策，回天乏力。

二、消极情绪及调控

（一）几种常见的消极情绪

1. 焦虑

焦虑是驾驶员的典型心理问题，是对行车过程中不确定因素的防御性身心反应，表现为因不可预见行车过程中的危险，而感到紧张不安、忧心忡忡。行车过程中的焦虑情绪会影响驾驶员对道路信息的认识，引起驾驶员分心和注意缺失。然而，适度的焦虑也有积极作用，可以提高驾驶警觉，将注意集中在评估危险上。

2. 抑郁

抑郁是一种情绪状态，表现为情绪低落，意志力和行动力减弱。抑郁情绪是很多人都会有的一种消极情绪。显著而持久的抑郁情绪可能是抑郁症。抑郁症是一种精神疾病，患者觉得情绪低沉，整日忧心忡忡，对自我才智能力估计过低，对周围困难估计过高。有的驾驶员在遭受家庭变故、工作待遇不公平、工作分配不合理等心理挫折以后，会产生"干什么都没意思"的郁闷感觉，表现为无精打采、疲劳无力、情绪消沉、悲观厌世等抑郁情绪，对安全驾驶有消极影响。

3. 愤怒

愤怒是由于客观事物与人的主观愿望相违背或当愿望无法实现时，人们内心产生的一种激烈的情绪反应。当人愤怒时，可能会导致心跳加快、心律失常、高血压等躯体疾病，同时还会使人的自制力减弱甚至消失，行为冲动，甚至做出一些让自己后悔的事，造成不可挽回的损失。驾驶员常常会因为他人违规驾驶或一些不友好的驾驶行为影响到自己的正常驾驶而感到愤怒，甚至产生"路怒"情绪，这是很危险的。要记住，愤怒以愚蠢开始，以后悔结束。

> **小故事**
>
> **苍蝇打败了世界冠军**
>
> 1965年9月7日，世界台球冠军争夺赛在纽约举行。路易斯的得分遥遥领先，只要再得几分就能稳拿冠军。但因苍蝇飞舞打扰，他变得焦躁不安，于是方寸大乱，连连失利，最终输球。更让人遗憾的是，第二天人们发现了路易斯的尸体，他投河自杀了。本来可以一笑了之的事情，竟因情绪的失控而导致最后自杀的结局，不禁让人扼腕叹息。

这种因小失大的事情，在交通事故案例中也经常看到。有时，导致驾驶员产生路怒症的，就是其他驾驶员一个小小的违规驾驶行为。其他驾驶员的违规行为并没有导致交通事故，而其本人的路怒症却导致了不可挽回的严重后果。所以，驾驶员首先要学会稳定好自己的情绪，才能安全驾驶自己的车辆。

（二）消极情绪的有效调控

1. 觉察自己真正的感受

当我们产生情绪时，表示生活中有事件刺激而引发警报。与此同时，若我们能觉察到情绪的产生并认知情绪的种类，就可以延缓情绪瞬间的爆发，并有针对性地进行自我管理。因此，我们要经常提醒自己"我现在的情绪是什么"，当我们发现自己情绪异常时，要特别警觉。

2. 接纳自己的情绪

紧张、焦虑、愤怒等情绪并不可怕，如果出现，我们不需要惊慌失措。要认清自己的情绪状态，分析自己为什么会有这样的情绪，让自己平静下来，就会有更多的精力去考虑如何应对，进而冷静地解决问题。

3. 采取行动有效应对

（1）注意转移法。把注意从引起不良情绪反应的刺激情境中转移开来，如：看电影，打球，下棋，找朋友聊天，特别是购物或打扫卫生，有助于改善心情；或者通过参与一些社交活动寻找到新的快乐。当受到某种不良刺激时，如其他车辆强行超车，行人、车辆避让不及时，驾驶员应及时调整心态，不计较他人的过失，集中精力驾驶好自己的车辆。

找朋友聊天

合理宣泄

（2）合理宣泄法。过分压抑只会使情绪困扰加重，而适度宣泄则可以把不良情绪释放出来，从而使紧张情绪得以缓解。发泄的方法包括大哭、剧烈运动（跑步、骑行、打球等）、放声大叫或唱歌、向他人倾诉、写日记等。

（3）自我暗示法。通过语言引起或抑制内心的想法和行为，如不断地对自己默语"我一定能行""不要紧张""不许发怒"等，以此来消除不良情绪，保持心态平衡。

（4）合理情绪法。用理性、正确的意识管理非理性的想法和信念。人不是被事情本身困扰，而是被自身对事情的看法所困扰。尝试找出自己那些不正确的、引发不良情绪的信念和思想，并努力改变它。

（5）运用警句提醒自己，如在办公室、休息室等场所悬挂"宁静致远、乐观、善思、制怒"等名句、条幅，营造有利于调节情绪的文化氛围。

小故事

善于控制情绪的林肯

一天，美国陆军部长斯坦顿来到林肯总统的办公室里，气呼呼地对他说一位少将用侮辱性的话语指责他偏袒一些人。林肯建议斯坦顿写一封内容尖刻的信回敬那家伙。"可以狠狠地骂他一顿。"林肯说。斯坦顿立刻写了一封措辞强烈的信，然后拿给总统看。"对了，对了。"林肯高声叫好，"要的就是这个！好好骂他一顿，真写绝了，斯坦顿。"但是，当斯坦顿把信叠好装进信封里时，林肯却叫住他，问道："干什么？""寄出去呀。"斯坦顿有些摸不着头脑了。"不要胡闹！"林肯大声说，"这封信不能发，快把它扔到炉子里去。凡是生气时写的信，我都是这么处理的。这封信写得好，写的时候你已经解了气，现在感觉好多了吧，那么就请你把它烧掉吧。"

启示：要成为一个成功者，除了常识与能力之外，还要懂得如何控制自己的情绪，不因一时的冲动和怒气而误了大事。

（三）"路怒症"及调适

1. 什么是路怒症

"路怒症"是汽车时代的一个世界通病，反映了当下一些人内心急躁、心理烦躁、脾气暴躁等特点。处于"路怒"的驾驶员很难做出正确的选择，容易诱发交通事故；而且有些时候不仅限于言语攻击，还会出现具有攻击性的驾驶行为，可能直接造成交通事故。

路怒症

"路怒症"的通常表现包括：突然加速或制动，跟车过近；前车稍慢就不停鸣喇叭或打闪灯；破口大骂或威胁恐吓其他驾驶员；下车挑衅，包括用物品击打其他车辆的车身；向车窗外投掷物品袭击其他车辆；故意撞车；等等。

2. 缓解路怒症的建议

（1）觉察不良情绪

行车前先觉察自己的情绪，如果情绪不好，就要学会为自己减压，调整好情绪再出发。尤其是在天气炎热的时候，要及时给自己的身体和心理"降温"；俗话说，心静自然凉。如果遇到紧急或危机事件，情绪非常不稳定，自己无法处理时，要及时向管理人员请假，停止驾驶工作。

（2）别在道路上争吵

有些驾驶员脾气火爆，遇到抢道、追尾、碰撞等事故，就会发怒、火冒三丈，产生所谓"路怒症"。其实在道路上和别人争吵，不仅不能有效解决问题，而且会让双方的不良情绪加深，这种时候冷静处理，反而更有利于事情的解决。

（3）出门前准备周全

行驶了一段路程后才发现自己忘记一些物品，由此心中会惦记着，无形中也会影响自己的情绪，导致精神不集中。在每次出发前，给自己一两分钟"缓一缓"，想想是否带齐物品，这样可以避免因为匆忙出门而导致的不安情绪。

（4）情绪的自我调节

防止路怒症最有效的做法就是进行自我调节。驾驶员要学会把注意从让自己愤怒的事情上转移掉，及时调整好自己的心态。遇到堵车时，可以想一些愉快的事情，让自己的心情平静下来。遇到他人的不文明或违规驾驶行为时，要学会宽容、豁达。急躁的时候，告诉自己"退一步海阔天空""慢慢开，比较快"。行车过程中，还可以有意识地放慢车速，不盲目赶时间，让自己尽量从容一些。

此外，为了更好地控制情绪，日常生活中可以在饮食上注意调理，多吃清淡的食物，多喝凉开水，少吃油炸和甜腻食品。

三、积极情绪及培养

（一）什么是积极情绪

积极情绪是指让我们感到生机勃勃的情绪，主要有喜悦、感激、宁静、兴趣、希望、自豪、逗趣、激励、敬佩、友爱等。

积极情绪可以扩展我们的思维，开拓我们的视野，让我们能看到更多、想到更多、创造得更多，让我们与周围的人相处得更和谐、更亲密，帮助我们建立良好的、持久的人际关系。积极情绪还可以加快我们的新陈代谢，提高我们的免疫力，平衡我们的血压，减少感冒、降低疼痛，让我们吃得香、睡得着，充满活力。

（二）积极情绪的培养

1. 找到生命的意义

如果你觉得你的工作没有意义，生活也枯燥乏味，心情肯定不会好。长期心情不好，身体也会受影响。所以，你想要获得幸福的人生，就要认识到工作的意义，确立事业和生活的目标，并为了自己的目标努力奋斗。有了自己的事业和追求，并为之奋斗，人就会体验到一种发自内心的满足，进而会产生积极的情绪。对于驾驶员而言，你既然选择了驾驶职业，那么这个职业就肯定是有价值的。

2. 梦想你的未来

提高积极情绪的简单方法之一，就是为自己构想最好的将来，将美好未来形象化。工作和生活中，并不是只有宏伟蓝图才叫梦想，能够脚踏实地把自己的工作做好，成为一个对社会有用的人；照顾好自己和家人，把家庭生活安排好；提高个人修养，使自己成为自己想成为的人……都是非常好的梦想。

3. 利用你的优势

想一想自己最擅长做什么，最想做什么，并据此重新制订你的工作计划与日常生活秩序，重塑自己，由此产生的积极情绪的提升，既明显又持久。每天都有机会做自己最擅长的事情，这类人凭借其优势，更容易在工作与生活中取得成功。

4. 与他人在一起

保持积极情绪和身心健康的最佳途径，就是积极参与社会活动，多与人交往。社会交往能使人产生积极的情绪体验，积极的情绪体验反过来又会使人们更积极地与人交往，更好地适应环境的变化，从而形成一个良性循环。研究表明，当你和别人在一起时，即使你只是假装外向，也会表现得更大胆、健谈、自信、积极主动和充满活力，你就能从中获得积极情绪。

5. 享受自然环境

在获得积极情绪的环境因素中，自然环境与社会环境同样重要。人是自然的一部分，回归自然是人的本能需要。如果只会工作，不会休息，人的身心健康一定会出现问题。因此，利用休息时间，在明媚的好天气外出活动，也是提高积极情绪的简单方法。

（三）积极情绪与消极情绪的最佳配比

如果没有积极情绪，我们会在痛苦中崩溃，但如果完全没有消极情绪，人们也会变得轻狂、不踏实、不现实。如果你想实现欣欣向荣的人生，你的积极情绪和消极情绪的比例至少需要达到3∶1，这个比例称为积极率。如果你的积极率达到6∶1，那么恭喜你达到了最圆满的状态。但如果达到了11∶1，就可能是盲目乐观型了。我们可以通过上述方法，减少消极情绪，增加积极情绪，从而达到情绪的最佳比例。

积极愉快的情绪让驾驶更安全

你是否有路怒倾向？

下面10道题目可以帮助你了解自己是否有路怒倾向，请你根据自己的实际情况，在相应位置打"√"。

题　目	经常	偶尔	从不
1. 驾驶时曾骂人。			
2. 驾车时曾情绪失控，一点堵车或剐蹭就有动手的冲动。			
3. 曾跟别人"顶车"，故意阻拦别人进入自己的车道。			
4. 行车时和不行车时的脾气、情绪完全不同。			
5. 前面车辆行驶稍慢时曾不停闪灯、鸣笛。			
6. 曾用危险方式驾驶，包括突然制动或加速、跟车过近等。			
7. 遇到不守规矩的驾驶员，曾有教训或报复的心理。			
8. 曾强行切入别人的车道，故意加塞。			
9. 曾下车挑衅其他驾驶员。			
10. 看到别人违法驾驶，即使没有影响到自己，也很愤怒。			

计分及解释：

选"经常"得2分，选"偶尔"得1分，选"从不"得0分。各题相加得出总分，总分越高，表示你的路怒倾向越明显。

0~6分：你是一个较为文明规范的驾驶员，希望继续保持，让更多人向你学习。

7~15分：你已经出现路怒情绪倾向，希望通过本讲内容学习，规范自己的驾驶行为，相信你会做得更好。

16~20分：你已经成为一名路怒驾驶员，存在驾驶安全隐患。为了你和家人以及他人的安全，请认真学习本书，必要时进行工作调整。

第二节　我不是孤岛——人际交往能力的培养

一个人事业的成功，只有百分之十五是由于他的专业技术，另外百分之八十五要靠人际关系和处世技巧。

——戴尔·卡耐基

感恩公交车驾驶员周到服务，盲人乘客专程送锦旗

2020年5月12日晚，乘客庄先生夫妇手捧一面"服务周到、耐心助人"的锦旗来到上海公交948路新郁路终点站。他们说："我们要谢谢邱文斌师傅，关心照顾我们盲人夫妻。"

庄先生和妻子都因严重眼疾持有盲人证。为了治病，每周三次乘坐嘉定65路和948路往返于嘉定住家和普陀医院。春去秋来，成了948路的"老面孔"。

庄先生说："邱文斌非常关心我们，尽量将车辆停靠在我们脚边，叮嘱我们慢点上车、坐稳坐好。有时差一点赶不上，邱师傅还耐心等待。"有一次由于当天治疗结束得很晚，庄先生夫妇到达新郁路终点站后，没能赶上同站换乘的嘉定65路末班车。得知庄先生夫妇准备打出租车回嘉定时，邱文斌立刻自掏腰包200元递给他们。

得知盲人乘客专门送来锦旗，邱文斌也十分惊讶、感动。他表示："这只是举手之劳，实在是微不足道。我一直都觉得，人与人之间的距离，就应该近些、再近些。想乘客之所想，急乘客之所急，是我工作的本职，我会一如既往地做好周到服务。"

上述案例中，驾驶员邱文斌把乘客当成自己的亲人一样，在为乘客服务的过程中，找到了自己工作的意义和人生价值。人际交往能力就是在一个团体、群体内与他人和谐相处的能力。人是社会人，每个人都必须具备与人交往的能力，才能正常生活，实现人生价值。能够建立并保持良好的人际关系，乐于与人交往，是心理健康的重要标志。

一、认识人际关系

（一）什么是人际关系

心理学中的人际关系是指人与人之间由于沟通而产生的一种心理关系，它主要表现为沟通过程中人与人之间的心理距离，反映人们寻求爱和归属等需要满足的心理状态。

和谐的人际关系，适当的交往能力以及观察能力、表达能力，是人的心理素质的展示。在紧张激烈的社会竞争中，与他人的合作能力、协调能力显得尤为重要。常见的人际关系包括亲属关系、朋友关系、同学关系、师生关系、同乡关系、邻里关系、同事关系等。

驾驶员的工作主要是由一个人独立完成，尤其是长途货运汽车驾驶员，日夜奔波在道路上，没有城市的热闹喧嚣，没有家人的亲密陪伴，有的只是轰隆隆的发动机声音。公交和旅客运输驾驶员，虽然有乘客相伴，但也无法替代亲人的陪伴。人是社会性动物，长期的孤独会对身心产生不良影响，因此，驾驶员更要学会与人交往的技巧，寻找机会主动与人交往。

（二）良好人际关系的特征

良好的人际关系表现为认知上彼此肯定价值，情感上彼此喜欢接纳，行为上彼此愿意沟通、交往。具体表现如下：

1. **感情相悦**

就是说你喜欢别人的同时，别人也喜欢你。互相接纳可以避免或减少人际间的摩擦和冲突，使交往得以良性循环。反之，你喜欢别人而别人不喜欢你，或者说别人喜欢你而你不喜欢别人，甚至你们之间格格不入，就交往不起来，一厢情愿地接触，最终还是会分道扬镳。

2. **价值观相似**

能吸引自己的人，一般都是在价值观念、态度、信念等方面与自己相似的人。双方越相似，意见越一致，就越喜欢。价值观的相似，不仅容易获得相互支持与共鸣，而且容易预测彼此的反应倾向和意图，相互适应也比较容易。

3. **良性沟通，友好交往**

良性沟通是指把自己内心真实的想法说给对方听，用心去倾听对方的意见和说法，从而反思自己的行为是不是还有需要调整的地方。沟通的目的是表达感情，了解彼此的需要。而喋喋不休地说话不是沟通，只是在发泄自己的情绪。

（三）人际交往的原则与技巧

1. 人际交往的原则

（1）平等原则

平等是建立良好人际关系的前提，也是人与人之间建立感情的基础，是人际交往的第一原则。平等首先指的是情感上的对等，只有一方真诚付出是不会获得真正的友情的；平等还意味着尊重，平等待人，自己才能被别人尊重和理解，自己的交往愿望才能被别人所接纳。

（2）尊重原则

尊重包括自尊和尊重两个方面。自尊就是在各种场合自重自爱，维护自己的人格；尊重就是重视他人的人格、习惯与价值，尤其是尊重他人的隐私。人人都希望被尊重，说话不顾他人的感受，伤害到了对方的自尊心，就会逐渐丧失自己人际关系的吸引力。只有尊重他人，才能得到他人的尊重。

（3）真诚原则

真诚待人是人际交往中最有价值、最重要的原则。以诚待人是人际交往得以延续和深化的保证。一个真诚的人，一颗善良的心，和谁都能保持长久的关系，走到哪里都会有人喜欢。在交往中，要以诚相待，只有彼此抱着真诚善意的心，相互理解、相互信任，情感上引起共鸣，才能使人际关系得到巩固和发展。人际交往有个黄金法则，即"你希望别人怎样对你，你就怎样对待别人"。

（4）宽容原则

在交往过程中，对非原则问题不要斤斤计较，能够宽容别人的错误，并勇于承担自己的行为责任，不能以自己为标准来要求别人，要承认自己与别人的差别，学会克制和忍耐，人与人就能和睦相处。宽容是良好人际关系的黏合剂，能"化干戈为玉帛"，从而赢得更多的朋友。

（5）互利原则

互利是指交往双方在满足对方需要的同时，又得到对方的报答，双方的交往关系就能继续发展。人际交往是双方都会受益，所以交往双方都要有付出和奉献。交往双方要相互关心、帮助和支持，既有助于考虑双方的共同价值和共同利益，满足彼此的需要，又能促进相互联系，深化双方的感情。

2. 改善人际关系的技巧

人际交往能力是现代社会人的重要素质，也是衡量一个人能否有效适应社会的标志。想要在现代社会生活中有所作为，我们应努力培养自己的交往能力，掌握一定的交往技巧。

（1）主动交往

主动对人友好，主动表达善意，能够使人产生受重视的感觉。想要同别人建立良好的人际关系，应该大胆地、主动地进行交往。主动的人往往使人产生好感，易与别人形成互动，这样也容易建立和谐的人际关系。

（2）换位思考

善于交际的人，往往善于发现他人的价值，懂得尊重他人，愿意信任他人，对人宽容，能容忍他人有不同的观点和行为。在为人处事上，也要懂得"己所不欲，勿施于人""得到朋友的最好办法是使自己成为别人的朋友"，不强求别人，努力寻求与别人的共同点，多站在对方的角度思考问题，一切就会变得很简单。

（3）学会倾听

专注的倾听能使人感到自己的重要。倾听的技巧是：观察对方的非言语行为，通过联系对方生活的环境来理解对方的言语信息，留意对方表达中不尽完善的地方；保持集中精力倾听的姿势；适时提问，并要求对方补充，保持耐心，阐述自己的见解。

（4）谈论对方感兴趣的话题

谈论中想要取悦对方，就要抛开自己潜在的自我中心意识，试着谈论对方感兴趣的话题，并积极参与到这个话题中去。如果你对这个话题不了解，也没关系，你可以直接就你不懂的地方向对方请教。

（5）适度地自我暴露

要让人际关系升温，适度的自我暴露不失为一种十分有效的方法，倾诉一些自己内心深处的烦恼，吐露一些不为人知的小秘密，能让对方感到深受信任，这样可以拉近交往距离。应当注意的是，说什么，说多少，说到什么程度，需要把握好；否则可能弄巧成拙，秘密在不当的时间地点外泄，会使自己很被动。

寻求同事的心理支持

二、做一个高情商的人

(一) 什么是情商

情商是指个人对自己情绪的把握和控制，对他人情绪的揣摩和驾驭，以及对人生的乐观程度和面临挫折的承受能力等。从自身的情感经验出发，我们会评价一个人善解人意、好沟通、心胸宽广、使与他交往的人如沐春风……这些都是情商高的表现。情商水平的高低对一个人能否取得成功有着重大的影响，情商的作用有时甚至要超过智力水平。当然，情商也绝非高深的技能，随着对人生的经历、感情历程、刺激等的领会和感悟，我们的情商也会随之提高。即使不是一个高智商的人，我们也可以有较高的情商。

(二) 情商的五要素

1. 自我认知

自我认知是指了解自身情绪、情感和内心驱动力及其对他人影响的能力。有自知之明的人，对人对己都秉持一种诚实的态度，处事既不过分苛责，也不抱不切实际的幻想；此外，他们往往也比较自信，对自己的能力了然于心，不大可能贸然接受超出自身能力限度的任务，也知道何时应该寻求帮助。

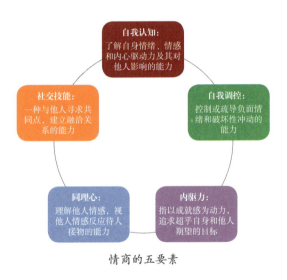

情商的五要素

2. 自我调控

自我调控是指控制或疏导负面情绪和破坏性冲动的能力。善于控制自己情绪的人，常常会自我反省，他们总是深思熟虑，而不匆忙下判断。面对不确定局面，他们处之泰然，随机应变。因此，能够自我调控的人，有能力打造一个公平信任的环境，也有助于增进诚信。

3. 内驱力

内驱力是指以成就感为动力，追求超乎自身和他人期望的目标。追求成就感的人，对工作充满了激情，而且往往会对提供该工作的组织产生归属感。他们乐于学习，工作上的每一次成功都让他们引以为傲。他们也总是一再提高业绩标杆，并主动跟踪业绩水平。这些人通常精力旺盛，不安于现状。他们会执着地追问，事情为什么非得这样做而不是那样做，也会积极地去探索新的工作方法。

4. 同理心

同理心是指理解他人情感，视他人情感反应而待人接物的能力。具有同理心的人，能领会肢体语言的微妙含义，他们能听懂别人的言外之意。同理心还有助于培养人才和留住人才，以及凝聚团队。

5. 社交技能

社交技能强是情商高的集中体现，是一种与他人寻求共同点、建立融洽关系的能力。能认识和调控自身情感，又能体会他人情感的人，往往能有效处理人际关系。而内驱力强的人往往心态乐观，其奕奕神采自然会体现在与他人的交谈和其他交往之中。社交技能不只是友善，它是一种带着目的性的友善，其目的就是引导他人按你希望的方向前进。社交技能高超的人，擅长管理团队，说服力强，能够在需要时调动广泛的人脉资源。

情商的前三个要素，即自我认知、自我调控和内驱力，都属于自我管理技能；而后两个要素，即同理心和社交技能，则是一个人管理自身与他人之间关系的能力。研究和实践均表明，情商是可以后天习得的，但你必须为此付出时间和努力。

（三）情商培养和提升

一个人的情商是可以培养和提升的，从心理学的角度出发，可以按照"知、情、意"为情商提升设定"三步曲"。

1. 第一步：了解情绪——强调认知

为了加强自我认识，改善行为模式和情绪，我们不妨借鉴以下两种方式来更好地了解自己的情绪：

（1）养成写日记和周记的习惯。比如，今天为什么会感到烦闷、伤心、低落，是什么原因导致的，带来了什么结果，有什么方法可以避免，以后可以怎么做，等等。理清原因，找到对策，及时反思。

（2）在他人的反馈评价中认识自己。他人的反馈也是获得自我认知的一个好方法。对他人的诚恳反馈，可以帮助我们获得他人的诚恳评价。

2. 第二步：控制情绪——强调行为

人们在准确识别和了解自我情绪的基础上，可以通过认知和行为策略，有效调整自己的情绪。我们可以通过以下方法培养积极情绪：

（1）学会用心聆听。在交流的过程中，倾听者将身体向讲述者适度前倾，保持与对方的眼神接触，以轻松自然的姿势和表情进行倾听；另一方面，要从对方那里听到口语表达之外的内容，从他的肢体语言、声音的抑扬顿挫、面部表情等观察这些行为隐含的意义。

（2）学会共情。所谓"共情"，是指感同身受地站在对方的立场，去体会对方内心的感受和想法，并将自己的感受告诉对方；能站在他人的角度去理解、接纳并疏解对方的情绪反应。

（3）懂得尊重别人。不随意对别人评头论足，不随意批评和指责别人，不抱怨不埋怨，不随便打听别人的隐私，尊重别人的生活方式，做到"己所不欲，勿施于人"。

（4）有责任心。敢做敢当，不推卸责任，遇到问题要及时分析、解决。正视自己的优点或不足，做敢于担当的人。

（5）自信。成就事业就要有自信，坚信"我能行"。有了自信，才能产生勇气、力量和毅力，困难才有可能被战胜，目标才有可能达到。

（6）让自己多一些微笑。微笑可以提升幸福感，进而增强人们的自信心。

3. 第三步：超越情绪——强调意志

自我激励是使情绪全面提升的最高境界，也是提高情商的最后一步。

（1）学会自我激励。生活中，人人都会遇到挫折。缺乏信心时，要学会自我激励，可以大声地鼓励自己，告诉自己"我很棒""我能行"，也可以在心里默不作声地给予自己激励。

（2）承受压力，缓解压力。学会发现压力的触发点，这样才能有的放矢，积极寻求释放压力的办法，从而获得较高的幸福感。

（3）提高交往艺术，学会幽默。用恰当的行为、神态来沟通人际间的感情，做到友好大方，分寸得当；用洒脱的仪表和适当的礼节与人交往，产生使人愿意与自己交往的魅力。

 小贴士

职场情商训练七法

（1）把看不顺的人看顺；

（2）把看不起的人看起；

（3）把不想做的事做好；

（4）把想不通的事想通；
（5）把快骂出的话收回；
（6）把咽不下的气咽下；
（7）把想放纵的心收住。

三、做一个知恩感恩的人

（一）为什么要感恩

1. 提升主观幸福感

感恩可以让人更加积极乐观地评价自己，提升对生活的满意程度，因感恩心理而产生的感激、满足、愉悦等积极情绪，可以让人感到快乐和幸福。

2. 增进人际关系

感恩能够增进对他人的了解，并且加深彼此之间的关系。感激之情可以作为一种社交暗示，告诉他人彼此之间是平等的伙伴关系，在人际交往中能起到积极的促进作用。

心怀感恩，奉献社会

3. 提升健康水平

感恩可以降低个体患各类心理疾病的危险，还可以在生理上增强心血管和免疫系统功能。感恩水平越高的个体，其抑郁水平就越低。

4. 更好地应对压力与挫折

在危机时刻，感恩可以应对压力，帮助个体在创伤后成长，帮助个体应对生命中突然遇到的无妄之灾，帮助个体面对生死攸关的病患，还可以帮助个体度过挚爱亲朋广故的悲伤时刻。

（二）感恩之心的养成

1. 树立正确的感恩意识

每个人的成长离不开社会和他人的帮助，我们所获得的一切并非是天经地义、理所当然的。驾驶工作虽然很辛苦，但可以给我们提供生活保障。如果我们能够对工作机会心存感恩，就能更好地尊重乘客和客户，把自己的人生目标同公司的发展结合起来，抱着博爱的心态去帮助身边那些需要帮助的人，把关心留给他人，把爱心献给社会。

2. 在实践中发展感恩品质

积极创造或参与感恩实践，体验收获感恩的快乐。比如在新冠肺炎疫情期间，很多驾驶员参与了运送医护人员、疑似病人和防疫物资的工作，使自己经历了考验，也收获了相关部门和人员的感恩，增加了自信心和使命感，看到了自己的价值。

3. 主动向榜样学习

向榜样学习，可以让我们看到自己的不足，明确努力的方向。2020年10月11日"最美公交司机"正式发布。在他们当中，有始终保持零事故、零违章、零投诉的安全标兵；有技能高超、节油本领高强的绿色公交践行者；有大胆探索、坚持科研的创新先锋；有临危不惧、智斗歹徒的安全守护神；也有将平凡简单的小事做到极致的时代匠人，还有在抗击新冠肺炎疫情斗争中英勇奋战的凡人英雄。他们安全驾驶、文明行车，热情服务、真诚奉献，敬业精业、创先争优，受到乘客的爱戴，给我们树立了良好的榜样。

4. 从生活中小事做起

感恩本身来自社会生活并存在于社会生活中，并非大恩大德的举动才叫感恩。驾驶工作很平凡，但在平凡的工作中，也能体现一个人的修养和情操。乘客选择乘坐公交，我们用优质服务表示感恩；客户把运输任务交给我们，我们用按时送达表示感恩；爱人照顾好家庭，我们用爱的语言和行动表示感恩。感恩是营造良好关系的秘方，有感恩的地方，就有爱，就有幸福。

小故事

这条鱼在乎

海潮退去后，在沙滩的浅水洼里有许多小鱼。它们被困在浅水洼里，回不了大海。有一个小男孩，他不停地捡起水洼里的小鱼，并且用力把它们扔回大海。这时一个男士走过来对他说："孩子，这水洼里有几百几千条小鱼，你救不过来的。""我知道。"小男孩头也不抬地回答，继续捡起小鱼扔向大海。"哦？那你为什么还在扔？你忙了一天，谁在乎呢？""这条小鱼在乎！"男孩一边回答，一边拾起一条鱼扔进大海。"这条在乎，这条也在乎！还有这一条，这一条，这一条……"

启示：客运驾驶员每天都要接待大量的乘客，我们无法照顾到每一个人。但是，当我们看见有人需要帮助的时候，应及时施以援手，尽力而为。帮助别人，快乐自己，我们的工作会因为有助人的机会而更有意义。

人际关系综合诊断量表

以下28个问题能帮助你诊断人际关系困扰，请你根据自己的实际情况如实回答，在相应位置打"√"。

题 目	是	否
1. 关于自己的烦恼有口难言。		
2. 同陌生人见面感觉不自然。		
3. 过分地羡慕和妒忌别人。		
4. 与异性交往太少。		
5. 对连续不断的交谈感到厌烦。		
6. 在社交场合感到紧张。		
7. 时常伤害别人。		
8. 与异性交往感觉不自然。		
9. 与一大群朋友在一起，常感到孤寂或失落。		
10. 极易受窘。		
11. 与别人不能和睦相处。		
12. 不知道与异性相处如何适可而止。		
13. 当不熟悉的人对自己倾诉他的生平遭遇以求同情时，自己常感到不自在。		
14. 担心别人对自己有什么坏印象。		
15. 总是尽力使别人赏识自己。		
16. 暗自思慕异性。		
17. 时常避免表达自己的感受。		
18. 对自己的仪表（容貌）缺乏信心。		
19. 讨厌某人或被某人所讨厌。		
20. 瞧不起异性。		
21. 不能专注地倾听。		

续上表

题　目	是	否
22. 自己的烦恼无人可倾诉。		
23. 受别人排斥与冷漠。		
24. 被异性瞧不起。		
25. 不能广泛听取各种各样的意见和看法。		
26. 自己常因受伤害而暗自伤心。		
27. 常被别人谈论、愚弄。		
28. 与异性交往不知如何更好相处。		

计分及解释：

选"是"得1分，选"否"得0分，各题目得分相加求总分。

0～8分：你在与朋友相处上的困扰较少。你不存在或较少存在交友方面的困扰，善于与朋友相处，人缘很好，获得许多的好感与赞同。

9～14分：你与朋友相处存在一定程度的困扰。你和朋友的关系并不牢固，时好时坏，经常处在起伏波动之中。

15～28分：你在与朋友相处上的困扰较严重。若分数超过20分，则表明你的人际关系困扰程度很严重，而且在心理上出现了较为明显的障碍。你可能不善于交谈，也可能是性格孤僻、不开朗，或者有明显的自高自大、讨人嫌的行为。

第五讲

FIVE LECTURE

压力、挫折与危机应对

第一节 今天你紧张吗？——压力调适

苦难对于天才是垫脚石，对于强者是一笔财富，对于弱者是万丈深渊。

——巴尔扎克

抗疫情，缓压力，新征程

2020年7月9日，青岛公交隧道巴士第七分公司的驾驶员来到市职工心理健康服务中心，培训老师结合当前的疫情形势，以"抗疫情、缓压力、新征程"为主题，给驾驶员上了一堂生动的心理减压课。据该公司党支部副书记介绍，新冠肺炎疫情发生后，驾驶员在保证运行安全的同时，还需要配合做好疫情防控工作，一旦遇到不配合的乘客，就可能会对自己的情绪产生影响。通过此次活动，驾驶员可以借助科学有效的方法调节不良情绪，在日常工作中保持愉快的心情，做到平安驾驶、安全出行，为市民提供更好的服务。

由于道路运输驾驶员长期从事着枯燥、单一、重复的工作，加之道路环境状况复杂多变，他们需要长时间保持专注，容易导致精神高度紧张。尤其是突如其来的新冠肺炎疫情，不仅给驾驶员带来了感染风险，增加了疫情防控任务，还影响了经济效益，造成了心理上的压力。上述案例中提到的心理减压课，就是很多驾驶员所需要的。

一、压力

（一）什么是压力

压力是指一个人觉得自己无法应对环境要求时产生的负面感受和消极信念。换言之，当一个客观事件（如生活事件、日常烦恼、心理困扰）发生时，人们对这个客观事件产生的主观感受或想法就是压力的一种反应。

当没有压力时，人的效率往往会很低。在毫无压力刺激的情况下，人是无法提高效率和能力的，生活通常也会变得平淡乏味。当感受到压力、激发起挑战的勇气时，人的效率就会提高，那么此时的压力就在一个特别理想的范围内。但是，当压力过度了，就可能产生很多负面影响，这就是耶克鲁-多德森定律，表明了压力与效率呈倒U形关系曲线。

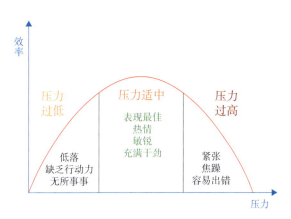

压力与效率的倒U形曲线

正如"水可载舟，亦可覆舟"一样，压力既有积极作用，也有消极作用。如果能把压力变成动力，压力就是最好的"伙伴"；如果压力过低或者压力过高，那么它就会一直"折磨"你，阻止你进步向前。何谓适当的压力？简言之，只要你的烦躁和不适没有严重影响到你的生活规律，还能吃得下饭，睡得着觉，就说明你正处于适度的压力范围内。

（二）压力的反应

1. 生理反应

在压力状态下，个体会产生一些生理反应，比如：心率加快，血压升高，呼吸急促，各种激素分泌增加，出现肠胃不适。这些生理反应在短时期内可以帮助我们有效应对外界环境条件的变化，但过度的压力则会使人出现肌肉高度紧张、头痛等不适的生理反应。长期压力会导致人体免疫系统功能减弱，从而产生身体疾病或神经系统疾病。

拓展阅读

心理压力的10种无声信号

在现代生活中，压力无处不在。当心理压力过大时，我们的身心就会出现一些不适症状，需要及时觉察和调整。心理压力的10种常见无声信号如下：

1. 周末头痛；
2. 痛经；
3. 口腔疼痛；
4. 睡眠不好或做怪梦；
5. 牙龈出血；
6. 突然出现痤疮；
7. 偏爱甜食；
8. 皮肤瘙痒；
9. 过敏加重；
10. 肚子痛。

以上10条信号，你占了几条？如果达到3条，你就应该调节压力了；如果达到5条，你就应该寻求心理咨询了；如果超过7条，请你赶快请假休息吧。现在就对号入座自测一下。了解压力，才能减轻压力，过得轻松愉快。

2. 心理反应

一般来说，适当的压力可以激发我们的潜能，使我们能以更积极有效的状态投入工作。想象一下，如果工作任务截止日期将近，你会如何？通常情况下，人们会以比平时更高的效率完成工作。

但是，当压力超过一定限度时，比如持续紧张的时间较长，个体就会表现出过度的心理反应，例如出现急躁、抑郁、焦虑、多疑、愤怒、不安、恐惧、沮丧、失望、消沉等负面情绪。这些负面情绪很容易引发个体行为上的偏差，比如伤害自己或他人。

3. 行为反应

在心理压力状态下，个体的行为反应有两种：一种是直接的行为反应，如因工作面试失败而奋发图强或自暴自弃；另一种是间接的行为反应，它是指为了减少或暂时消除与压力有关的苦恼，而采取的使紧张状态暂时缓解的行为，如因工作压力较大，选择运动、听音乐或其他方式缓解压力。

4. 认知反应

当我们有压力困扰或情绪困扰时，身体的信息处理机制，如注意力、记忆力、决策等都会受到影响，这个现象在心理学中被称为"隧道视觉效应"。一个人若身处隧道，他能看到的就只是前后非常狭窄的区域。当压力过大的时候，人的思维就像处于隧道中一样，此时做出的决定就会出现偏差，缺乏远见和洞察力。

二、驾驶员常见的压力及应对

（一）常见的压力源

1. 工作压力

工作压力是影响驾驶员身心健康的首要因素。有的公交车驾驶员在工作中一岗多责，承担着驾驶员、乘务员、安全员、保洁员等多项职责，还经常要应对乘客的不尊重、不理解甚至被投诉，因此承受着较大的工作压力。

2. 职场压力

驾驶员肩负着安全营运、优质服务等多重任务，是一个承受着较大压力的职业。公司严格的管理制度，社会对驾驶员的高要求，都会给驾驶员带来职业压力。此外，驾驶员与领导、同事的关系如果处理不当，也会造成心理压力。

3. 性格压力

驾驶员的性格对其心理压力会产生不同程度的影响。稳定型驾驶员的事故率较低；沉着冷静型驾驶员能够有效应对驾驶过程中的突发危险，积极调整压力状态；忧虑型驾驶员的事故率较高，驾驶的危险程度也较高；急躁型驾驶员会因为堵车而产生强烈的情绪压力；粗心型驾驶员会因为工作失误而产生自责和焦虑。

4. 其他压力

驾驶员的婚姻、学历、年龄、性别等因素，对他们的心理健康也存在一定的影响。婚姻质量的好坏与心理健康状况相互影响，对婚姻质量评价较高者，其心理健康状况也较佳；26~40岁的驾驶员因面临婚姻、家庭、职业等多重压力，是各年龄段中压力水平最高者。

（二）压力应对

1. 接纳压力是生活的一部分

当压力来临时，我们可能会不小心陷入思维的误区，认为压力一定会带来烦恼、失眠、萎靡不振等负面影响，但压力未必就是一件坏事。压力其实就像人的血压一样，如果没有适度的血压，血液无法流动，人的生命就会受到威胁。压力可以激发人的潜能，带来动力和挑战。因此，压力是每个人正常生活的一部分，我们要勇于接纳它。

2. 与压力同行

人的一生，其实都在与压力同行。为此，我们需要如何处理呢？

（1）选择积极的思维方式。在压力面前，不同的认识会有不同的感受。我们总认为压力来自外界，事实上，它源自我们的内心。我们都站在阳光与阴影的交界处，用积极的眼光看待生活中的积极面，你就能看到阳光。

（2）不找借口，只找方法。面对压力，我们往往会采取各种各样的方式来逃避，这也是人的一种本能。事实上，只要你愿意，就会有数不清的借口供你挑选。如果我们总是找借口，那么永远也找不到成功的方法。

（3）尽最大努力行动起来。作家克雷洛夫曾说过："现实是此岸，理想是彼岸，中间隔着湍急的河流，行动则是架在河上的桥梁。"心理压力过重，对自己未来担心，主要原因还是对自己的能力没有足够的底气，所以我们需要尽最大努力行动起来。

小故事

负重而行是必然

一个人觉得生活很沉重，便去见哲人，寻求解脱之法。

哲人给他一个篓子让他背在肩上，指着一条砂砾路说："你每走一步就捡一块石头放进篓子里，看看有什么感觉。"

过了一会儿，那人走到了头。哲人问他有什么感觉，那人感觉到了生活越来越沉重的道理。当我们来到这个世界，我们每个人都背着一个空篓子，然而我们每走一步都要从这个世界上捡一样东西放进去，所以才有了越走越累的感觉。

于是那人问："有什么办法可以减轻这种负重吗？"

哲人问他："那么你愿意把工作、爱情、家庭、友谊哪一样拿出来呢？"

那人不语。

> 哲人说："当感到沉重时，也许你应该庆幸自己不是总统，因为他背的篓子比你的大多了，也沉重多了。"
>
> 启示：人生路，坎坷的时日居多。升学、工作、晋级、成家；领导同事的误会、工作上的摩擦、生活上的不如意等都会令人有负重而行的心理。负重而行当然会有痛苦，但是没有负重而行，也就无所谓责任，从而也就无法获得所谓攻坚克难的成就，当然也就体会不到登上山顶后那种如释重负的快感。

3. 积极归因

面对压力时，我们要学会理性辨析和积极归因。找来纸笔，将你面临的核心问题写下来，接下来逐个回答：这个问题是如何产生的？这个问题真的与我有关吗？这个问题真的就是一种威胁吗？这个问题真的不能解决吗？通过如此反复逐层深入地自我辨析，我们就能够理清问题的症结所在，从而减轻对压力情境认识模糊或者夸大困难而产生的焦虑。

4. 放松身心

放松是指身体或精神由紧张状态转向松弛状态的过程。身体放松的常用方法有游泳、做操、散步、洗热水澡等；精神放松的方法有听音乐、看漫画、静坐、钓鱼等；其他常用方法还有练瑜伽、冥想、打太极拳等。

此外，想要避免压力过大，我们还要学会"量力而行"，对于明显超出自己能力的目标，要学会果断放弃。

静坐

放 松 训 练

下面介绍一个简便易操作的放松练习。

练习前的准备工作：

（1）找一个安静或不受干扰的地方，光线要柔和。

（2）给自己预留足够的时间。

（3）有一个活动自如的空间。

（4）留意自己的姿势，看看是否坐得舒服。

放松练习开始：

（1）当你舒舒服服坐好之后，开始做深呼吸，慢慢吸入然后呼出，每次呼出的时候在心中默念"放松"。当你感觉呼吸平稳、有规律的时候，则暂时不用默念。

（2）将注意集中在右手上，慢慢将右手握紧成拳头，再用点劲，紧紧握拳，你会感觉到整个右手由拳头到肩膀都变得僵直，然后从1数至10。

（3）慢慢将右手放松、再放松，你感到僵直的右臂逐渐经由肩膀—手肘—手腕—手心—手指慢慢地松弛下来；放松、继续放松、放松整个右手，将注意集中在呼吸上，每当你呼吸时，心里轻轻默念"放松"。重复三次。

（4）再将注意集中在左手上，重复以上练习。

（5）接下来，将注意集中在整个右脚上，将右脚伸得硬直、收紧，将脚趾"拉"向头部方向，你会感觉到小腿部分酸硬，从1数至10；再将脚趾向与头部相反的方向伸，从1数至10，放松整个右脚。当你的右脚完全放松时，它会很自然地略向外倾。然后将注意集中在呼吸上，让自己放松。

（6）再将注意集中在左脚上，重复以上练习。

肌肉放松的关键是练习者能分辨和感受到肌肉收紧、放松时的状况。当你能把握以上的感受后，可将这套练习的原理运用到身体的其他部分，如头部、颈部、肩部、胸部、背部等。

5. 进行有效的时间管理

学会为每天的工作和生活做一个计划，规划好在什么时间做什么事情；同时要明确每一个任务的优先级，以便于合理分配时间和精力。比如，上班时间全身心投入工作，下班后尽量不去查看任何与工作有关的信息，全心全意陪伴家人。职业驾驶员可以学习运用四象限时间管理法，帮助自己管理时间。

	重要	
2. 重要不紧急 精力分配：50%～60% 处理方法：有计划去做		1. 重要且紧急 精力分配：20%～30% 处理方法：立刻去做
4. 不重要不紧急 精力分配：1%～5% 处理方法：尽量别去做		3. 不重要但紧急 精力分配：15%～20% 处理方法：交给别人去做

四象限时间管理法

总之，一个人的身心素质提高了，压力就会变小。我们要热爱生活，享受生活，感受生活的快乐。学会确立生活中小而具体的目标，并努力去实现。在遇到挫折时，保持自信和乐观，请记住"天生我材必有用"。学会换个角度看问题，有时会使沮丧、绝望的人看到希望，如同俗语"塞翁失马，焉知非福"所说的一样。

15分钟卸下压力的7种方法

每个人都有不知所措的时候，有时甚至感到压抑。你不可能完全消除压力，但是你可以有很多准备。面对这些情况时，你可以优雅、内敛和积极地处理它们。以下这些简单的方法可以使你的生活和谐、平静。

1. 勤锻炼

运动时分泌的内啡肽可以让人感觉到更快乐，运动后心情会变得平静。

2. 常微笑

微笑和大笑都是立刻放松情绪的最佳途径之一。

3. 多听音乐

倾听安静舒缓的音乐是放松减压的好方式，安静的音乐对缓解压力非常有效。听音乐能使你感到放松、平和。

4. 爱阅读

阅读也是减压的好方法。一本给人以积极健康的态度看待世界的书，能让人放松和自我感觉良好。

5. 尝试冥想法

焦躁不安时，不妨安静地坐下来，关注你的呼吸，关注你自己的感受，把思绪拉回当下，它会给你带来内心的宁静。

6. 懂得感恩

当你感到压力时，试着去细数幸福，把它们记录在感恩日记本中。

7. 深呼吸

当你陷入伴随压力而来的强烈情绪中，甚至快被压垮时，停下来，深呼吸。在你深呼吸时，更多的氧气被输送到你的大脑，会使你思维清晰，肌肉放松。

倡议行动：只需要上述其中一种方法，坚持15分钟，你的压力就会缓解很多。

三、疫情压力下的自我关爱

2020年初，突如其来的新冠肺炎疫情，给我们所有人都带来了心理创伤。疫情期间，城市公交暂停运营，道路运输行业受到很大影响。如今，我国的疫情得到了很好的控制，但局部的疫情还时有发生。在疫情防控常态化的形势下，驾驶员应该如何调整自己的情绪呢？

1. 认识疫情带来的不良情绪

疫情的突然发生，导致我们产生了很多不良情绪，主要的有以下几种：

（1）焦虑。面对疫情，有焦虑是正常的，而焦虑也是有积极作用的，因为那些不焦虑的人就不会认真地自我防护，就容易被病毒感染。但是，如果焦虑过度，整天提心吊胆，身体紧张无法放松，心烦意乱，呼吸困难，双腿无力，就会对身体和心理造成伤害。这时就需要及时进行调整，严重者还需要到医院的精神科进行治疗。

佩戴好口罩

（2）抑郁。面对疫情会产生抑郁情绪，说明我们的情感反应是正常的。抑郁情绪每个人都会有，比如我们曾经遭遇亲人和朋友的离去，这个时候抑郁是正常的。但我们也不能任由抑郁情绪"淹没"自己，长期严重的抑郁会影响我们大脑激素的分泌，甚至会导致大脑的器质性病变。因此，当抑郁情绪严重时，就需要到医院的精神科去诊断治疗。此时，心理咨询只能作为一种辅助方法。

（3）恐惧。当人们面对无力抗争又无法摆脱的危险情境时，就会产生恐惧。面对疫情，

抑郁

恐惧也是正常的。不会恐惧的人，就不会回避危险，反而容易被危险伤害。但是，如果我们长期处在恐惧的情绪中，不断分泌的肾上腺素就会变成一种毒素，积攒在我们的体内，影响我们的身体健康。长期的恐惧会导致高血压、胃溃疡等疾病，所以我们要学会及时调整自己的恐惧情绪。

2. 保持乐观主义精神

心理健康的人，能在日常生活中感受到吃的快乐、睡的快乐和运动的快乐，爱工作、爱生活、爱自己、爱他人。但是，当面对巨大的挫折或严重的创伤时，我们就会感到伤心难过，这就需要我们自觉调适不良情绪。其实，人类自从在地球上生活以来，就不断遭受各种传染性疾病的侵袭。但是，人类发挥自身智慧，团结一致，通过医学的不

断进步，在预防和控制传染病方面取得了巨大成就。因此，我们要保持乐观主义精神，相信一定会战胜疫情。

3. 专注驾驶，用心服务

如果过多关注疫情信息，会加重我们的心理负担。驾驶员要学会让自己的意识从纷繁复杂的信息中解脱出来，专注驾驶。我们可以通过有意识的训练，将分散的注意一次次拉回来。最简单有效的训练方法是，每次驾车前做3~5分钟的呼吸练习，让自己精神专注，精力充沛，免受不良情绪的困扰。如果你每天都能够坚持练习15分钟，3个月之后，你会发现你对自己情绪的掌控力显著增强，这对于安全驾驶是非常重要的。

拓展阅读

身心合一的呼吸练习

找一个安全的、不被打扰的空间，尽量使自己舒适地坐着，感觉自己全身都放松了。慢慢地闭上你的眼睛，让你的意识全然地关注着你自己，非常放松，非常安全。你感觉到自己舒服地坐在椅子上，你的双脚稳稳地踩在地上，你还可以动一动自己的脚趾，让自己的双脚更自然、更舒适。

吸气，感觉到清凉的空气从自己的鼻子进入气管，进入肺部，腹腔的隔膜下沉，小腹慢慢隆起，感觉自己吸进了最新鲜、最富有能量的氧气。这些氧气随着血液的流动，滋养着自己的每一个器官。每一次呼气，你可以微微张开你的嘴巴，感觉把所有的烦恼、焦虑和恐惧都呼出去了，心里的压力越来越轻、越来越轻，感觉到自己浑身非常轻松、非常舒服。

练习3分钟，然后使劲搓搓自己的双手，将搓热的双手放在自己的眼睛上，眼睛会感到非常舒服。移开双手，睁开眼睛，感觉自己的眼睛更加明亮了，能看清周围所有的东西。你看看周围，感觉自己全部的心思意念都放在此时此刻，全身心都放在即将开始的工作上。

在你要开始驾驶工作之前，都可以做这样的练习。当你习惯了这样的练

静观（正念练习）

习,你就会发现你的专注力提高了,无论做任何事情,你都可以更有能力去做得更好了,你的心情也更好了,你的精力也更加充沛了。

职场压力诊断

根据你最近半年内的情况如实作答下列题目,并在相应位置打"√"。

题　目	没有	偶尔	经常
1. 早上非常不愿意上班。			
2. 出现口腔溃疡或容易上火。			
3. 面对平时喜欢的食物却没有食欲。			
4. 工作一天后头晕眼花。			
5. 晚上睡眠不好,难以入睡或者做噩梦。			
6. 背部或腰部出现疼痛。			
7. 不能集中精力专心做事。			
8. 眼睛很容易出现疲劳。			
9. 对平时喜欢的人际交往不感兴趣。			
10. 工作中感受不到乐趣。			

计分及解释:

选"没有"得0分,选"偶尔"得1分,选"经常"得2分。各题得分相加计算总分,总分越高表示压力越高。

0~10分:压力程度较低,但可能生活缺乏刺激,较为沉闷,做事动力不足。

11~15分:压力程度中等,虽然会偶尔感到压力大,但能较好地应对,处于压力适度的水平。

16分及以上:压力程度偏高,应当注意观察压力的来源并寻求应对压力的方法,需要适当的放松和休息。

第二节　在逆境中前行——挫折应对

一切幸福都并非没有烦恼，而一切逆境也绝非没有希望。

——培根

驾驶员遇挫割腕，民警及时救援

2018年12月的一个傍晚，一辆大货车发生故障"瘫"在了某条高速公路上，无法继续行驶。驾驶员王某联想到生活中的种种不顺，一时想不开，便用水果刀割腕了……大约10分钟后，王某拨打了报警电话求助"车坏了"，同时言语中闪现出"怎么割都不出血"之类的话。觉察到情况异常的民警快速出动，挽救了王某的宝贵生命。当民警询问王某为什么要这样做时，他回答道："我的心理压力太大，莫名其妙感到忧郁，情绪一下子爆发了才这样。"

上述案例中，驾驶员遭遇车辆故障，无法继续行驶，再加上日常心理压力大，导致心理危机，产生了轻生的想法。生活中，不如意的事情常常不期而遇，克服挫折是我们每个人都必须具备的能力。

一、挫折

（一）什么是挫折

挫折是指人们在某种动机的推动下，在实现目标的过程中，行为遇到了无法克服或自以为无法克服的障碍和干扰，使得动机不能实现、需要不能满足、目标不能达成，从而产生失望、不满意、沮丧等情绪反应和情绪体验。挫折是客观存在的，关键在于我们怎样认识它和对待它。

挫折具有两重性。它既可以培养人的坚强意志，引导人总结经验、吸取教训，使自己的追求得到完善和提高；同时，它又可以使人消沉、情绪低落，甚至诱发身心疾病。因此，正确应对挫折，有助于发挥挫折的积极作用，防止和克服其消极作用。

（二）挫折反应

人们在面对挫折时，会产生一系列的反应，包括生理反应、心理反应和外显行为特征三种。

1. 生理反应

在强烈的或持续的消极情绪作用下，人的神经、心血管、内分泌、消化等系统会发生反应，如心率加快、血压升高、呼吸加快、出汗等。如果紧张、焦虑情绪持续，会导致人面色苍白、四肢发冷、气急、腹胀，从而危害人的身心健康。

2. 心理反应

挫折的心理反应有攻击、焦虑、妥协、寻觅支持、思考问题解决的办法等。

3. 外显行为特征

当一个人遇到挫折时，会在行为上表现出一些征兆，如缺乏安全感、发牢骚与埋怨、工作效率低、优柔寡断、依赖性增强、反应不当等。

（三）挫折的心理防御

面对挫折时，我们的心理会自动产生一些防御机制，来帮助我们摆脱由挫折产生的心理压力，减轻精神痛苦，恢复正常的心理平衡，以达到自我保护的目的。心理防御机制一般可以分为消极心理防御和积极心理防御两大类。

1. 消极心理防御

消极心理防御是指遭受挫折后所表现出来的带有强烈情绪色彩的非理性行为；常见的有否认、压抑、躯体化等。其中，否认是指将不愉快的事件或想法予以"否定"，当作它根本没有发生，来获取心理上暂时的安慰；压抑是指把不愉快的经历和体验压抑到无意识中，不去回忆；躯体化是指把精神上的痛苦、焦虑转化为躯体症状表现出来，从而避开了心理的焦虑和痛苦。

2. 积极心理防御

积极心理防御是指正视、承认挫折和困难，正确分析挫折和困难产生的客观原因，总结经验教训并实施有效的行动，合理应对挫折和困难；常见的积极心理防御有坚持、补偿、幽默、升华等。其中，坚持是指个体在遇到困难时，要求自己加倍努力、不断向目标靠近的心理过程；补偿是指采取其他方式来弥补、代偿缺陷，以减轻其自卑感、不安全感,就是成语所说的"失之东隅,收之桑榆";幽默是指当个体面临困境时,用有趣或可笑的方式来化解;升华是指个体在受到挫折后,将自己不为社会所认同的动机或欲望转变为符合社会要求的动机或欲望,或将情感和精力转移到有益的活动中去。升华被认为是最积极、最成熟的心理防御机制之一。

小故事

爱迪生的实验室

1914年12月的一天,一场大火几乎完全毁灭了大发明家爱迪生的著名实验室。爱迪生一生的大部分心血都葬送在这场大火中。

大火直冲天空,在现场周围的浓烟和崩出的瓦砾中,爱迪生24岁的儿子查尔斯发疯般地寻找父亲。他终于找到了,只见老父亲爱迪生镇定地站在大火面前,静静地望着大火中的实验室,面沉如水,若有所思。熊熊的火光映红了他的脸庞,白发在寒风中飘扬。

"我的心为老爸哭泣,为他流血。"查尔斯后来回忆道,"他已经67岁了,不再年轻了,但一切都被大火夺走了。当时他看见我来了,就喊道:'查尔斯,你妈妈在哪里?快把她领过来看看火。她一辈子也看不到这么壮观的景象!'"

第二天早晨,爱迪生看着实验室的废墟说:"这场大火好哇!我们所有的错误都被烧光了。感谢上帝,我们又可以重新开始喽!"

二、积极应对挫折

(一)调整对挫折的认识

1. 树立正确的挫折观

人的一生,就是不断战胜困难、化解挫折从而获得发展的过程。困难和挫折对于人们来说,既是一种危机,也是一种挑战。因此,只要每个人做好面对挫折的心理准备,遇到挫折时就不会惊慌失措、痛苦绝望,从而能正视现实,敢于面对挫折和挑战。同时,人生中并不都是挫折,还有很多快乐、幸运和幸福的事。在遇到挫折的时候,也要看到成功和希望,尽快从痛苦中摆脱出来,理智地面对挫折。

2. 订立恰当的个人目标

订立目标时,要考虑自己的智力、能力、体力是否合适。如果目标恰当、方向准确、持之以恒，产生挫折感的机会就会减少，即使遇到挫折也能积极应对。反之，如果目标不当，如过高或过低，与自己的条件不相符合，就容易产生挫折，这时就应该及时做出调整。

3. 培养积极思维

挫折并不可怕。首先，吃一堑，长一智，挫折之后要学会思考和总结，提高自己的能力。其次，面对挫折，要能够激发自己再努力、再加把劲的想法和勇气。最后，锻炼和磨砺自己的意志，在挫折的压力下，变压力为动力，变失败为成功。

积极思维是成功的支点。强者之所以成为强者，不是因为他们真的无惧挫折、遇到挫折时不会消沉和软弱，而是他们善于应用积极思维克服自己的消沉与软弱，并向积极的方向转化。

拓展阅读

积极思维与消极思维

由于遗传因素和成长环境的不同，每个人都会形成一套自己的思维模式，有的人比较积极，有的人比较消极。消极思维的人容易深陷于失败之中裹足不前，拒绝努力，他们畏惧失败，更担心即便付出努力仍然有可能得不到成功。但积极思维的人则不同，他们面对挑战时总是跃跃欲试，而成功不过是在完成挑战后的结果。

积极思维与消极思维的差异如下：

项目	积极思维	消极思维
感情与性格	友爱，宽厚，热情，自尊，自爱，快乐，勇敢	偏见，嫉妒，孤独，冷漠，自卑，伤感，胆怯
行为方法	独立，负责，积极行动，广交朋友	依赖，行动懒惰，受制于人，缺少朋友
思想方法	开放，接受变化，前进，发展	封闭，抵制变化，墨守成规
对自身的理念	热爱自己的生命，相信自己的能力，自强不息，不相信命运，不屈从于环境	忽视、轻视个体生命的价值，不相信自身的潜能，屈从于命运和环境的压力
对现实社会的理念	接纳他人，能与人合作，接受新事物，适应社会	拒绝他人，很难与人合作，拒绝改变，因无法适应而痛苦
对未来的理念	面向未来，乐于不断更新知识，适应变化	固执，艰难适应社会的进步

（二）提高挫折应对的能力

1. 掌握调适方法

学习和掌握一些自我心理调适的方法，可以有效化解因挫折产生的焦虑、紧张等不良情绪，从而提高挫折承受能力。比如：倾诉法——遭遇挫折时，向他人倾诉可以缓解内心的痛苦，但最好选择值得信任的、有能力帮助自己的倾诉对象。优势比较法——首先，想一想那些比自己受挫更大、困难更多、处境更差的人；其次，分析并寻找自己没有受挫感的方面，即找出自己的优势点，强化优势感，从而增强挫折承受能力。接纳法——认真审视自己受挫的过程，多从自身找原因，接受受挫的事实，克服自身存在的问题，使自己从挫折中重新站起来。目标法——挫折阻拦了自己原有的目标，为此需要确立一个新的目标，积极调整心态，排除挫折和干扰，向着新的目标努力。

2. 建立支持系统

为了提高挫折的承受能力，我们还需要建立和谐的人际关系，营造自己的情感社会支持系统。当人遭遇挫折时，一般都伴随情感反应，处于焦虑和痛苦之中。这时，如果有几个亲朋好友能给予安慰、关心、支持和鼓励，将会有效缓解心理压力并降低情绪反应，从而增强应对挫折的能力。所以，每个人在遇到挫折时，不应该把自己封闭起来，而应尽快找自己的朋友和家人进行沟通，寻求他们的帮助。

3. 主动寻求专业的帮助

当我们遭受到自己难以承受的挫折，陷入不良情绪中不能自拔时，应该主动寻求心理咨询师给予专业的帮助。在心理咨询师的帮助下，可以让我们矫正不良认知，发挥内在潜力，消除心理障碍，明确前进方向，化解不良情绪，最终获得心理上的成长，提高挫折承受能力。

找家人、好友沟通

第三节　生命只有一次——珍爱生命与应对心理危机

生命只有一次，对于谁都是宝贵的。

——瞿秋白

"7·7"安顺公交车坠湖事故

2020年7月7日12时12分，贵州省安顺市一辆2路公交汽车，在行驶至西秀区虹山水库大坝时，突然转向加速，横穿对向车道，撞毁护栏冲入水库。公安、消防、应急、交通、武警等部门第一时间组织开展搜救工作，共搜救出37人，其中20人当场死亡，1人经抢救无效死亡，15人受伤，1人未受伤。

本次事故是驾驶员因生活不如意和对拆除其承租公房不满，为制造影响，针对不特定人群实施的危害公共安全的个人极端犯罪。

上述案例中，驾驶员因对自己的生活不满意而仇视社会，实施个人极端犯罪导致21人死亡，是对生命权利的残忍践踏，是极端不道德的违法行为。生命对于每一个人都只有一次，是最宝贵的东西；无论遇到什么样的困难，都要保护好自己的生命，并且应当无条件尊重他人的生命。

一、生命

（一）什么是生命

人的生命开始于受精卵，终止于生物学意义上的死亡。生命的过程就是一个人赤裸地来到这个世界体验生活的全过程。这个过程是否精彩、是否有意义、是否有价值，取决于你对生活的态度和认识。

生命具有以下四个基本特性：

（1）唯一性。生命为个体所独有，相互不得交换，彼此不可替代。每个生命都是独一无二的。

（2）不可逆性。从胚胎起，生命便一直生长发育，最终衰亡。生命绝不会"时光倒流"返老还童。

（3）不可再生性。生命对任何人来说都只有一次，俗话说"人死不能复生"，便道出了这个真理。

（4）有限性。人的自然寿命一般为七八十岁，最多百十来岁。人的生老病死是自然规律，任何人都必然会经历死亡。

（二）生命的属性

人的生命由三个因素构成，即生理（自然属性）、心理（社会属性）和灵性（精神属性）。

生命的自然属性，是建立在人的血缘关系基础之上的生理范畴，它主要涉及与人伦和人生（生命长度）有关的性问题、健康问题、安全问题和伦理问题等。生命的自然属性也即自然生命，决定着人的生命长度，即寿命的长短。

生命的社会属性，是人伴随着一定的社会文化和心理基础而发展起来的符号识别和社会人文系统，它涵盖了人的成长、学习、交友、工作、爱情、婚姻等涉及人文、人道的种种方面。生命的社会属性也即社会生命，决定着人的生命宽度，它是以文化为内核和根基，从零开始不断拓展的。

生命的精神属性，是一个人"我之为我"的最根本体现和本质要求，也是生命最聚集的闪光点，涉及人性与人格。生命的精神属性也即精神生命，决定人的生命高度，它并非纯粹指人在成功的顺境中所能达到的高度，也包括人在失败的逆境中所处的低谷。在逆境中对生命的深刻体验和精神上的成长，也构成了生命高度富有意义的一部分。

生命长度、生命宽度和生命高度统一在一起，共同构成了人的生命亮度，也即个体生命"我之为我"的生命亮点。

（三）驾驶员生命教育

生命教育，是指直面生命和人的生死问题的教育，其目标在于使人们学会尊重生命，理解生命的意义，学会积极生存、健康生活与独立发展。由于驾驶员的生命态度会对安全驾驶产生影响，所以就更应该主动接受生命教育。

1. 了解生命、尊重生命、热爱生命

我们常常觉得自己很普通、很平凡，看不到自己的价值。其实，生命体从孕育到成

长是一个神奇而又复杂的过程,我们能作为一个人来到世间,就是非常不容易的。所以,要认识到能够来到这个世界上是多么幸运。

生命来之不易。我们不能随意践踏生命,伤害生命,而是要尊重生命,热爱生命,享受生命带给我们的各种体验。不仅我们自己的生命是弥足珍贵的,世界上每一个人的生命都是唯一的,我们要尊重生命的独特性,以一种宽容的态度来接纳自己与他人。

2. 认真对待自己的生活,让生命充满意义

我们每一个人来到世界上之前,并没有承诺要完成什么使命、实现什么价值。但是,漫漫人生路,我们要想清楚,我们要成为一个什么样的人,给自己找到人生的目标,才有努力的方向。为目标努力工作,认真生活,才能实现人生的价值,让生命充满意义。否则,得过且过,碌碌无为,浑浑噩噩,就会迷失自己,浪费生命。

心理学家认为,发现生命意义的途径有三个。第一,工作和学习。工作和学习可以给人带来价值感,使人获得成就感。尤其是面对失业的时候,工作的意义更容易被凸显出来。第二,积累生活的经验。生活中的亲情、友情和爱情等,都可以帮助人们发现生命的意义。第三,经历苦难和挫折。对苦难和挫折的深刻认识,可以促使人深思,寻找自我价值,最终发现生命的意义。

3. 向死而生,珍惜每一天

死亡的必然性,让我们不再畏惧死亡,而对人生的困难和挫折就更不必恐惧。死亡的存在,也让我们看到了生命的有限性,我们更应该珍惜每一天,去做自己应该做的事,而不去做会让自己后悔的事。

4. 牢记安全责任,珍惜生命

驾驶员开斗气车、疲劳驾驶、违章驾驶等行为引发责任事故的案例时有报道,这些都是一种不负责任、漠视生命的行为。身为驾驶员,我们不仅要对自己和家人负责,还要对乘客、行人等其他交通参与者负责,对公司、对社会负责。要认真学习驾驶技术,严格遵守交通规则,养成安全的驾驶风格,具备强烈的安全责任意识,才能承担起安全驾驶的责任,成为一名合格的驾驶员。

人生是有始有终的过程。我们每个人无法决定生命的长度,但是我们可以拓展生命的宽度,活出精彩的人生,实现自我的价值。生命中总会面临无尽的挑战,唯

珍爱生命,安全驾驶

有探索生命的意义，培养尊重生命的态度，热爱生活，你才会拥有幸福的人生。

全国交通安全日

2012年，公安部向国务院报送《关于将12月2日设立为"全国交通安全日"的请示》。2012年11月18日，国务院正式批复同意自2012年起，将每年12月2日设立为"全国交通安全日"。

确定12月2日为"全国交通安全日"，主要考虑数字"122"作为我国道路交通事故报警电话，于1994年开通并投入使用，群众对此认知度高，方便记忆和宣传；同时，考虑每年12月2日我国已进入冬季，是交通事故多发期，春运等道路交通出行和运输高峰也即将开始，在此时间节点组织开展全国范围的道路交通安全主题宣传活动，有利于预防道路交通事故，保证广大民众出行安全。

全国交通安全日

二、驾驶员心理危机与预防措施

在人的一生中，总会遇到一些比较大的挫折或困难，比如失恋、失业、亲人离世、突发意外或疾病，都会给人带来心理危机。

在心理学范畴里，危机通常是指人类个体或群体无法利用现有资源和惯常应对机制加以处理的事件和遭遇。心理危机则是强调危机事件给人的心理带来的巨大冲击。它是由心理冲突引起的一种心理或生理反应，通常是当事人难以承受的心理或生理应激状态。

（一）心理危机的表现

当人们陷入心理危机时，常常会有以下的生理、心理和行为表现，称为应激反应。

1. 生理表现

处于危机中的个体容易出现头晕、头疼、感觉疲劳、做噩梦、肠胃不适、食欲不振、呼吸困难或急促、频繁感冒发烧等反应。

2. 心理表现

心理表现主要包括认识变化和情绪变化两个方面。

第一，认知失调，会趋向负面评价，对未来的结果预期降低或趋于消极，对自己的评价降低，变得更加自卑，降低个体在面对和克服困难时的动机和意愿。比如，反应迟钝、记忆力减弱、判断能力下降、解决问题的能力下降等。

第二，情绪变化。最常见的情绪变化有过度紧张和焦虑、过度低落和抑郁、过度担心或是异常冷漠，经常伴随着强烈的自责、愧疚、愤怒、恐惧等负面情绪。

3. 行为表现

驾驶员陷入心理危机时，常见的消极行为有经常迟到、早退，不能专注驾驶，不与人沟通交流，突然出现跟以往差别较大的爱好，言行怪异，更严重的会出现自残、自杀或伤害他人的行为。

（二）驾驶员心理危机的预防

1. 培养积极认知

面对严重的困境，有的人会自暴自弃，有的人会听天由命，而有的人则会想尽一切办法应对危机，获得新生。我们要相信困难总会过去，活下去就有希望，相信自己一定有能力解决困难。

2. 建立良好的应对方式

应对方式是个人在应激期间处理应激情境、保持心理平衡的一种手段。成熟的应对方式主要包括"解决问题"和"求助"，而消极的应对方式主要包括"退避""自责"和"幻想"。

3. 构建社会支持系统

社会支持系统实质上是来自他人的关心和支持，也就是你生活中与他人的关系。家人是自己的支柱，公司是自己的保护伞，朋友是自己的安慰剂，建立良性的社会关系可以帮助我们有效应对危机。

4. 学会积极求助

需要记住的是"求助是强者的行为"。当自己陷入心理危机时，可以寻求专业心理咨询师的帮助，也可以寻求你的社会支持系统的帮助。

三、交通事故心理危机急救

为了在紧急的时候给予遭遇重、特大交通事故的人员有益的帮助，驾驶员需要了解一些交通事故心理危机急救的基本知识。

（一）交通事故心理危机

重、特大交通事故，会给当事人带来严重的心理危机。遭遇重、特大交通事故的人员，在事故发生后不同阶段的心理反应是不同的，主要表现为以下三个阶段：

1. 阶段一　事故发生之初

事故发生初期，人们主要存在恐慌、茫然、麻木心理。有的人会陷入茫然状态，表现为否认当前的一切，意识清晰度下降，注意狭窄、分散。由于过度紧张和恐惧，人们在短时期内无法做出正确的判断，因此就更谈不上如何自救了。

2. 阶段二　事故发生后的短时间内

事故发生后的短时间内，人们往往会处在一片混乱之中，焦虑、悲伤、痛苦以及盲从的心理在此时出现。有人为突然失去亲人而悲伤；有的丧亲者自己也在事故现场，他们捶胸顿足，自责自己没有能力救出家人，甚至希望死去的人是自己；有的受伤者家属无法决定治疗方案；有的受害者对肇事者心怀仇恨，情绪激动，不能自制；还有人感到孤立无助、沮丧，担心自己会崩溃或无法控制自己。

3. 阶段三　事故处理基本结束后

事故处理结束后，受伤者和丧亲者要重新开始艰难的生活。在这个时候，无论心理素质多么好的人，都会感到痛心、苦闷。于是，有的人不敢回想事故发生的一切，逃避现实，酗酒吸烟，不再关心自己的健康；有的人反复想到逝去的亲人，觉得空虚，变得情感淡漠，失去了生活的信心；有的人甚至感到活着没有意义，产生自杀的念头。尤其是那些目睹亲人死亡而无力营救的幸存者，会在脑海里重复出现事故发生时的情景，全神贯注于思念死者，不断有事故重现的行动和感觉等。

（二）交通事故心理急救基本要求

当驾驶员遇到同事或其他人遭遇交通事故伤害，需要给予帮助的时候，使用一些心理急救的方法，可以达到更好的效果。

1. 紧密陪伴

处在心理危机中的人，会暂时丧失基本的安全感和对外界的信任感。陪伴可以帮助他们重建安全感和信任感，防止他们受到更大的伤害。

2. 专注聆听

一个人处在心理危机中时，可能会急于诉说他遭遇的事情。我们应专心聆听他的讲述，不要忙于询问和予以澄清，这样可以帮助他们理解并最终接受该事件。

陪伴并提供帮助

3. 情感接纳

保持开放的心态，接受当事人对事件的情感，理解和尊重他们的看法。不要急于更正事件的事实信息或对事故后果的看法。同时要接受他们表现出来的焦虑或极端情绪，因为处于心理危机中的人可能会情绪失控，还可能会拒绝帮助。

4. 提供实际照顾

一个人面临心理危机时，可能无法处理日常事务。我们可以给予当事人一些实际的照顾，比如帮助接送孩子、陪伴就医等，这些都能表现出我们的关心和同情。

人生意义问卷

根据下列描述，找出与你的情况相符合的程度，并在相应位置打"√"。

题　目	非常不同意	有点不同意	不确定	有点同意	完全同意
1. 我很了解自己的人生意义。					
2. 我正在寻找某种使我的生活有意义的东西。					
3. 我总是在寻找自己人生的目标。					
4. 我的生活有很明确的目标感。					
5. 我很清楚是什么使我的人生变得有意义。					
6. 我已经发现了一个令人满意的人生目标。					
7. 我一直在寻找某种能使我的生活变得更有意义的东西。					
8. 我正在寻找自己人生的目标和使命。					
9. 我的生活没有很明确的目标。					
10. 我正在寻找自己人生的意义。					

计分及解释：

选"非常不同意"得1分，选"有点不同意"得2分，选"不确定"得3分，选"有点同意"得4分，选"完全同意"得5分。

人生意义体验因子：1、4、5、6、9题分数相加，总分越高，表明你的人生意义体验程度（即个体目前所体验和知觉自己人生有意义的程度）越高。

人生意义寻求因子：2、3、7、8、10题分数相加，总分越高，表明你的人生意义寻求程度（即个体积极寻求人生意义或人生目标的程度）越高。

第四节　我的心好累——驾驶员职业倦怠

人生是一个永不停息的工厂，那里没有懒人的位置。

——罗曼·罗兰

公交车驾驶员的职业倦怠

某市公交车驾驶员的心理调查结果表明，从公交车驾驶员的工作性质来看，每天行驶在固定的线路上，单调乏味；肩负着乘客的安全责任，一旦发生事故，不但要做出经济赔偿，还有可能承担法律责任；无人售票公交车驾驶员还要监督投币，疏导乘客，文明服务；加上越来越拥堵的路况，车厢内外的噪声……长期处在这样的工作环境中，驾驶员的身心健康状况都会受到不同程度的影响，工作热情会逐渐消减，意志也逐渐被消磨，身心会感到疲惫。如果这样的状况不能受到重视，并及时加以调节，很可能会演变成职业倦怠，出现工作态度差、工作效率低的情况，甚至会导致交通事故的发生。

上述案例较全面总结了公交车驾驶员产生职业倦怠的原因。在诸多的压力下，驾驶员产生职业倦怠是正常的，但如果不及时调适心态来应对职业倦怠，不仅会影响自己的身心健康，还会危及行车安全。

一、职业倦怠

（一）什么是职业倦怠

职业倦怠是个体不能顺利应对工作压力时的一种极端反应，即个体在工作压力下产生的身心疲劳与耗竭的状态。

职业倦怠一般包括以下三个方面的特征：

（1）情感衰竭。即没有活力，没有工作热情，感到压抑、空虚、无意义。这是职业倦怠的核心，并具有最明显的症状表现。

（2）性格改变。指刻意在自身和工作对象间保持距离，对工作对象和环境采取冷漠、忽视的态度，对工作敷衍了事，个人发展停滞，言行消极等。

（3）无力感。倾向于消极地评价自己，认为工作不但不能发挥自身才能，而且枯燥乏味。常常迟到、早退，开始打算跳槽甚至转行。

（二）驾驶员职业倦怠的表现与症状

1. 生理方面

具有倦怠现象的驾驶员在生理方面表现出一种慢性衰竭的状态，包括失眠、头晕眼花、恶心、过敏、呼吸困难、肌肉疼痛和僵直、头痛、消化不良等。除了身体上的不适之外，还会出现睡眠紊乱的状况，产生饮食上的坏习惯，如随便吃、吃得特别快、厌食、暴饮暴食等。

2. 心理方面

（1）从认知上表现为大脑的功能下降，无法对接收到的信息进行准确快速的识别处理，注意难以集中在驾驶行为上，常常拖延且犹豫不决，而一旦做出决定，又很难承担相应的责任。

（2）在情绪上会产生比如焦虑、抑郁、愤怒及恐惧等负面情绪，很容易发怒且对工作表现出不满。职业倦怠引起的情绪反应，会使思维意识无法集中在驾驶行为上，不利于安全行车。

二、职业心态的五个阶段

第一阶段：蜜月期。这个时候我们是心存感激的，作为一名刚入职的驾驶员，终于通过公司考核签订了合同，身份终于被认可，然后被新鲜感刺激着，一切都蒙上了美好的面纱。

第二阶段：激励期。这个时候你对自己的工作已经驾轻就熟，并开始挑剔工作中的一些问题，感到工作难以满足你的所有需求，但还是在努力工作。

第三阶段：衰退期。这个时候职业的负面效应已完全凸显出来并且被放大，长时间的压抑取代了热

在工作中挑剔刻薄

情，越来越多的挫败感导致焦虑。你开始沮丧，期待下一份工作会更好。在这个时期，职业倦怠开始出现。

第四阶段：衰竭期。这个时候你看到的都是自己工作的不如意，只看到别人工作的光鲜亮丽，看不到别人背后的辛苦和努力，工作成了"鸡肋"——食之无味，弃之可惜。难以处理工作中的矛盾，在工作中会感到悲观和绝望，甚至会全盘否定自己。在这个时期，职业倦怠会比较严重。

最后一个阶段：涅槃期。这时，你已经开始接纳自己的职业。你看清了工作的真相，对工作的优势和劣势都非常清楚了，并愿意长期从事这个职业。这个时候的你，虽然称不上涅槃重生，但是一定经历了蜕变，重新唤回了职业情感。

你觉得自己处在哪一个阶段呢？其实，出现职业倦怠不可怕，可怕的是你无法走出衰竭期。严重的职业倦怠会严重损害你的身心健康，相关研究发现，职业倦怠甚至与2型糖尿病有关。当你处在持续的压力和不健康的状态下时，你身体里的胰岛素分泌也会出现不正常。如果你认识到自己正陷入职业倦怠的"泥沼"中，一定要积极行动起来，重新认识自己的职业，唤醒对职业的热情。

三、应对职业倦怠的策略

1. 保持积极的心态

我们要承认，一个人并不能控制和改变工作中的所有事情，有些工作能够完全胜任，但也有些是自己做不好的。而且，职场因素（如激烈的竞争、考核等）有些是不可避免的，或难以在短时间内排除的。因此，保持积极心态是对倦怠进行自我调适的关键。

2. 培养对工作的兴趣

驾驶工作看似重复、枯燥，但很多人也能在工作中进行"创新"，用心感悟和总结驾驶经验，从中找到驾驶的乐趣。在大家都周而复始重复同样的工作时，你却能轻松高效地完成工作，并自豪地和同事们分享。想办法爱上自己的工作，你就会愿意投入更多的时间和精力，而不会感到辛苦和倦怠，工作也总能超额、超水平发挥，这是一个良性循环。

3. 正视职业倦怠

职业倦怠是很多职场人士都会遇到的，尤其是那些对工作期待很高、过分投入的人，更容易产生职业倦怠。我们应认识到，自己在压力之下所做出的反应并不是能力差的表现，而是人人都可能会产生的正常心理现象，因此不要过于苛责自己。任何工作都是有利有弊的，"干一行爱一行"才是最明智的选择。

4. 及时倾诉

当我们感到工作压力太大时，不妨与家人、朋友或同事一起讨论当前压力的情境，把自己心里的症结点说出来，不要闷在心中。关心你的亲友会给你一个中肯的建议，你可以在他们的帮助下确立更现实的目标，并对压力的情境进行重新审视。需要某些实际的帮助时，不妨求助于领导和同事。另外，一些消极情感，如愤怒、恐惧、挫折等也应及时倾诉，以得到一定发泄，这对舒缓压力和紧张的情绪是非常必要的。

5. 锻炼和放松

注意劳逸结合，足够的睡眠和休息是保持工作精力的必要保证。进行适度的、有节奏的锻炼，能够缓解倦怠，保持舒畅而平稳的心情。如果长期坚持下去，能够有效降低倦怠和抑郁感。适时适当的休假可以让身心恢复，也可借此机会思考再重新出发。如果短期之内没有休假的机会，也可以做一些放松训练。此外，一些松弛方法，如游泳、做操、散步、洗热水澡、听音乐等也十分有效。

拓展阅读

你出现职业倦怠了吗？

1. 没意思，丧失体验愉悦的能力

2. 对乘客或客户不耐烦

3. 缺乏高效工作的精力

4. 对目前业绩不满意

5. 对生活中的一切都不满意

6. 失去笑容

7. 通过药物和酒精来缓解压力　　8. 失眠，烦躁不安　　9. 头痛、肩颈痛或腰背疼痛

如果你有以上3～5种症状，说明出现了职业倦怠；如果有6～8种，说明职业倦怠达到中度；如果9种都有，说明你的职业倦怠非常严重，需要暂停工作或寻求心理咨询师的帮助。

职业倦怠测试

请你根据自己的感受和体会，判断下列情形在你所在公司或者在你身上发生的频率，并在合适的位置上打"√"。

题　目	从不	极少	偶尔	经常	频繁	过频	每天
1. 工作让我感到身心疲惫。							
2. 下班的时候我感觉精疲力尽。							
3. 早晨起床不得不去面对一天的工作时，我感觉非常累。							
4. 整天工作对我来说确实有压力。							
5. 工作让我有很快要崩溃的感觉。							
6. 自从开始这份工作，我对工作越来越不感兴趣了。							
7. 我对工作不像以前那样热心了。							
8. 我怀疑自己所做工作的意义。							
9. 我对自己所做工作是否有贡献越来越不关心。							
10. 我能有效地解决工作中出现的问题。							

续上表

题 目	从不	极少	偶尔	经常	频繁	过频	每天
11. 我觉得我在为公司做贡献却不计较回报。							
12. 在我看来,我擅长做自己的工作。							
13. 当完成工作上的一些事情时,我感到非常高兴。							
14. 我完成了很多有价值的工作。							
15. 我相信自己能有效地完成各项工作。							

计分及解释:

1~9题:选"从不"得0分,选"极少"得1分,选"偶尔"得2分,选"经常"得3分,选"频繁"得4分,选"过频"得5分,选"每天"得6分。

10~15题:选"从不"得6分,选"极少"得5分,选"偶尔"得4分,选"经常"得3分,选"频繁"得2分,选"过频"得1分,选"每天"得0分。

将所有题目得分相加除以15,求出平均分。平均分再乘以20(换算成标准分),得到最终得分。

50分及以下:工作状态良好;

50~75分:存在一定程度的职业倦怠,需进行自我心理调节;

75~100分:职业倦怠比较严重,建议离开工作岗位一段时间进行调整;

100分及以上:职业倦怠非常严重,建议咨询心理医生或暂停工作。

第六讲

SIX LECTURE

驾驶员的身心保健

第一节　和老毛病说再见——驾驶员常见职业病及预防

健全的心灵是需要健康的身体来给她恰当的支援的。

——马克·吐温

身体健康是影响心理健康的重要因素

本书作者于2021年对公交车驾驶员身体健康与心理健康的相关性进行了调查。调查结果表明，身体健康是影响心理健康的重要因素，并在心理健康的各个方面上都显著相关。

长时间驾驶对驾驶员精神和体能的消耗非常大。由于长时间处于高度紧张状态，加之缺乏运动和饮食作息不规律等不良生活方式，驾驶员患颈椎病、腰椎病、高血压、心脏病、肠胃炎等疾病的现象较为普遍。而且，在重感冒、发烧等身体不适情况下驾驶，会产生疲劳、眩晕、休克等症状，影响驾驶员对信息的感知和对车辆的操纵。道路运输企业应注重员工身体健康，维护员工职业健康安全，通过开展健康知识讲座，组织各种形式的文化和保健活动，宣传正确的健康观念，增强公交车驾驶员的自我保健意识，使广大驾驶员以良好的状态、饱满的热情和健康的心态投入到工作中。

一、驾驶员常见职业病

1. 颈椎病

颈椎病是一种以退行性病理改变为基础的疾病，主要由于颈椎长期劳损、骨质增生，或椎间盘脱出、韧带增厚，导致颈椎脊髓、神经根或椎动脉受压，出现一系列功能障碍的临床综合征。驾驶工作需要驾驶员长时间保持同一姿势，眼睛凝视前方，脖子挺直，长此以往容易患颈椎病。

2. 急性颈扭伤

急性颈扭伤在职业驾驶员身上较为常见，发生的主要原因有：在驾驶车辆或倒车时忽然过度扭头向后看，高速行驶中突然紧急制动，或低速行驶中突然加速，在惯性力的作用下，肌肉无准备地强烈收缩或牵拉，导致颈肌纤维或韧带等组织发生撕裂，产生痉挛、撕裂伤。

3. 肩周炎

肩周炎是以肩关节疼痛和活动不便为主要症状的常见病症，是驾驶员最常见的职业病之一，尤其是40岁以上的驾驶员更容易患此病。由于驾驶员长期保持同一驾驶姿势，不能及时活动肩关节，易引发肩周炎，导致关节疼痛，活动受限，不能灵活精准地进行驾驶操作，从而容易引发安全事故。

肩周炎

4. 肠胃病

由于工作的特殊性和不良的生活方式，职业驾驶员的饮食通常很不规律，极易患上肠胃疾病。肠胃病的种类很多，主要包括：慢性肠炎、结肠炎、慢性胃炎、胃窦炎、胃溃疡、胃出血、胃穿孔、十二指肠溃疡等。肠胃病患者常常不能正常饮食，长期下去就会导致身体缺乏营养，出现头晕、恶心、乏力等症状，严重影响身体健康。

胃疼

5. 振动病、腰痛

驾驶员长期受到汽车振动的影响，会导致神经系统功能下降，最常见的是振动觉、痛觉功能减退，对环境温度变化的适应能力降低。长期受到振动的影响，也会使手掌多汗、指甲松动、手臂麻木、握力下降；甚者会引起肌肉痉挛、萎缩、骨关节改变，出现脱钙、局部骨质增生或变形性关节炎。此外，长时间保持同一姿势驾驶，无形中会对腰部产生压力，使腰背肌肉力量减弱，再加上道路颠簸引起的振动会对脊柱产生损害，容易引起腰椎变形，导致腰腿疼痛、无力、麻木。

6. 泌尿系统疾病

泌尿系统疾病主要表现在泌尿系统本身，如排尿改变、尿的改变、肿块、疼痛等，也是驾驶员常见的职业病。该疾病有其复杂的形成原因。一是长时间驾驶，精力高度集中，无法进行放松活动，这一姿势除了引起颈、腰部肌肉酸痛之外，对尿路也会造成长时间的压迫，影响血液循环。二是驾驶员长期久坐，空间密闭，温度高，如厕难，容易引起泌尿系统方面的疾病，如前列腺炎、泌尿系统感染等。

7. 噪声性耳聋

不能及时上卫生间

噪声性耳聋是由于听觉长期受噪声影响而发生的缓慢进行的感音性耳聋，早期表现为听觉疲劳，离开噪声环境后可以逐渐恢复，久之则难以恢复。噪声除对听觉造成损伤外，还可引起头痛、头晕、失眠、高血压等，且影响胃的蠕动和分泌。机动车发动机运转、鸣笛、所载物体的振动等，均可产生不同强度的噪声。驾驶员长期在噪声的"轰击"下，易产生噪声性耳聋。

二、驾驶员职业病的预防

（一）保持正确的驾驶姿势

正确的驾驶姿势对预防驾驶员腰痛、颈椎病极为重要。一般来讲，正确的驾驶姿势是：驾车时双眼平视，座椅靠背向后微倾，坐垫略向上翘起，臀部置于坐垫和靠背的夹角中，以在驾驶操作时不向前移为宜。

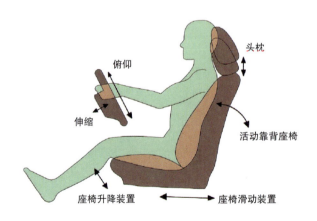

调整驾驶姿势

（二）适当休息和运动

（1）注意劳逸结合，防止透支身体。驾驶员要学会忙里偷闲进行休息，尤其应保证每天有足够的睡眠时间。除了夜间的正常睡眠以外，白天还可利用工作的空当，抓紧时间打个盹。

（2）坚持体育锻炼。每天早晚可坚持跑步、做健身操等户外活动。

（3）在停车休息时，可以做健康操，活动关节、腰部、颈椎和四肢，这样可以帮助消除肌肉疲劳。在连续驾车1小时左右时，要有意识地多活动头部，在不影响安全驾驶的前提下，上下左右活动几次，可预防颈椎病。

（4）一次驾车时间一般不宜过长，应控制连续驾驶时间，否则会身心疲惫。这既影响行车安全，又会危害健康。一般连续驾驶2小时，需要停车休息一会。

拓展阅读

驾驶员简易活动方法

保持一个比较放松的坐姿或站姿，活动方法如下：

（1）双手十指交叉，掌心向外，尽量向前伸展，然后再收回、放松；重复若干次。

（2）双手十指交叉，掌心向上，尽量向上伸展，然后再收回、放松；重复若干次。

（3）把右手绕过头放在左肩上，左手搭在右臂上，尽量往左侧压；然后把左手绕过头放在右肩上，右手搭在左臂上，尽量往右侧压；重复若干次。

驾驶员简易活动方法

（三）注意饮食营养

行车过程中，驾驶员的神经系统处于高度兴奋和紧张状态，会影响消化液的分泌；而长时间的屈膝而坐，也容易使全身血液循环变得缓慢，导致肝脏、胃肠等消化器官血流不畅或供血不足，影响消化功能。如果就餐无规律，会引起食欲下降，消化不良。

（1）驾驶员长期处在有噪声和振动的发动机旁，容易造成神经、内分泌和消化系统功能紊乱，引起神经衰弱症和心血管疾病，应经常补充蛋白质，多吃蛋类、豆类、鱼类，以及新鲜蔬菜和水果等。

（2）平时要多吃富含维生素A的食物，如胡萝卜、番茄、橘子等，有助于保持良好的视力。

（3）平时要多吃虾、鱼、核桃、瘦肉、莲子、芝麻、桂圆、深海鱼油等食品，可以起到健脑作用并提高神经系统的灵敏性。

（4）驾驶过程中出现体力不足时，可以适当补充含糖的食物，以维持血糖浓度，但不宜过多。另外，要纠正吸烟提神的毛病，切忌在驾驶室内吸烟。

（5）饭菜宜细软可口、容易消化如各种粥类，还可以适量饮用一些果汁、牛奶、酸奶等易于消化的饮料。

（四）定期体检

随着年龄的增长，驾驶员的反应速度和身体机能都会有所下降，包括可能患有一些影响安全驾驶的疾病，如高血压、心脏病等。因此，职业驾驶员要定期进行体检，时刻关注自己的身体健康状况，这样既是对自己负责，也是对他人和社会负责。

定期体检

（五）养成健康的生活习惯

1. 生活要有规律

日出而作，日落而息，这是自然的规律。打破这个规律，人体就容易生病。驾驶员应尽量安排合理的作息，养成定时工作、活动、休息、睡眠、饮食的好习惯，做到劳逸结合，使整个身体的生理活动富有规律和节奏，从而增强身体的抵抗能力并预防疲劳。

2. 保障足够的睡眠

充足合理的睡眠对健康是非常重要的。充足的睡眠，可以使大脑保持正常功能，在它的调理下人体得以维持正常的生理机能；同时，还可以使免疫功能增强，从而抵御细菌和病毒的入侵，预防疾病的发生。驾驶员在工作中需要保持长时间的清醒，因此，更应该找出适合自己需要的固定睡眠时间，这是消除疲劳的重要方法。切忌过多熬夜，这样会破坏作息规律，不仅不利于消除疲劳，反而会影响第二天的工作和生活。

3. 培养良好的兴趣爱好

充分利用业余时间培养良好的兴趣爱好，充实自己的精神生活。陪伴家人过好休息日，做到劳逸结合，消除体力疲劳和脑力疲劳。

4. 拒绝吸烟

吸烟可以说是一种慢性自杀，对人体的危害程度极大。烟草中的化学成分十分复杂，仅有毒物质就有20多种。据统计，肺癌的发病率与开始吸烟的年龄有直接的关系。驾驶员在日常生活及工作中，应充分了解吸烟对身心健康、家庭和社会的危害性，提高对吸烟所致疾病和死亡风险的认识，消除侥幸心理，用坚强的意志抵制吸烟的诱惑。

扩展阅读

吸烟对身体健康的危害

1. 即刻危害，包括：
(1) 心脏跳动加快、血压上升、血管收缩；
(2) 降低血液携带氧气的能力。
2. 长期危害，包括：
(1) 容易引发中风、心脏及循环系统疾病，以及癌症、肺病及呼吸系统疾病；
(2) 牙齿变黄、口臭；
(3) 皮肤出现皱纹及干燥；
(4) 肺活量减少、呼吸困难、体力下降；
(5) 平均每吸一支烟，寿命缩短11分钟；
(6) 身体对疾病的抵抗力下降。

第二节　保持清醒的头脑——酒驾、药驾与睡眠不足的危害

智者追求事业且不忘健康，愚者只顾赶路而不顾一切。

——佚名

客车驾驶员服用感冒药后驾驶致人死亡被判刑

2011年11月10日上午8点多，驾驶员覃某像往常一样驾驶营运中巴车从河池市南丹县大厂镇开往金城江方向。覃某因患感冒，行车前吃了治疗感冒的复方氨酚烷胺片。行车过程中突然睡意袭来，恍惚中他听到售票员惊叫，才发现车子已经越过了中心线，向路边一辆三轮摩托车撞去，三轮车上的韦某当场死亡。经交警现场勘验检查，从驾驶座旁搜出一盒药，其说明书的"注意事项"注明："服药期间不得驾驶机、车、船，不得从事高空作业、机械作业及操作精密仪器……"经交警部门认定，覃某对本次事故负全部责任。

睡眠障碍是影响驾驶员心理健康的最重要因素

本书作者于2021年对1万多名驾驶员职业困境和心理健康状况进行调查，分析结果显示，公交车驾驶员的睡眠障碍是影响其心理健康的最重要因素。而且，有超过1/3的公交车驾驶员认为睡眠、休息不足是主要的职业困惑。

道路运输驾驶是一项需要注意高度集中、保持单一工作姿势、机械重复操作的工作。驾驶员在休息不好、饮酒或服用了某些可能影响驾驶安全的药物后，容易犯困、恍惚、注意分散、无法准确判断距离、反应迟钝，从而造成感知、判断和操控能力下降，错误操作增加，影响行车安全。

一、酒驾

（一）酒后驾车的界定

我国目前对于酒后驾驶和醉酒驾驶是以驾驶员血液中酒精含量为认定标准。国家标准《车辆驾驶人员血液、呼气酒精含量阈值与检验》（GB 19522—2010）规定：车辆驾驶员血液中的酒精含量大于或等于20毫克/100毫升、小于80毫克/100毫升的，属于饮酒驾车；酒精含量大于或等于80毫克/100毫升的，属于醉酒驾车。

（二）酒精对人的影响

1. 生理影响

酒精对人体的影响主要在脑部，尤其影响人的思维活动和判断事物的能力。酒精对人脑的作用可分为三个阶段，分别是兴奋期、失调期和昏迷期。随着饮用酒精量的增加，饮酒者会表现出不同程度的生理变化和反应。

微醉——话多面红，反应迟钝，心神不定，自我感觉良好。

轻醉——酒言酒语，走路摇晃，情感失控。

中醉——呈现痴呆状，说话结巴，行走时东倒西歪，基本失去自我控制能力。

深醉——动作失控，不能走路，各种反应显著低落，陷入麻痹状态。

泥醉——随地卧倒，陷入昏迷状态，体温下降，脉搏细微，皮肤湿冷，大小便失禁，呼吸困难，如无医护则可能导致死亡。

2. 心理影响

（1）视觉

由于受到酒精的影响，驾驶员的颜色知觉能力降低，不能及时发现和正确觉察交通信号及交通标志标线，对信号灯的反应变慢。同时，驾驶员的视野范围大大缩小，很多重要的信息无法看到。

（2）触觉反应能力

尽管触觉信息比视觉信息少，但对于安全驾驶来说同样非常重要，如制动时脚踩下踏板的力度、转向盘的控制状态、汽车的振动情况等，驾驶员要依据触觉来获得很多信息，而饮酒容易引发触觉不精准甚至触觉失灵的现象，造成驾驶失控。

（3）知觉能力

随着血液中酒精浓度的增加，驾驶员的知觉能力逐渐下降，尤其是空间知觉能力显著下降,导致驾驶员不能辨别方向,出现"蛇行",甚至有可能出现方向混乱的状况,严重威胁驾驶安全。

(4)情绪情感

平常为人处事谨慎认真的人,饮酒后言行举止变得轻率,可能出现猛踩加速踏板、突然踩下制动踏板、突然转弯或违法转弯、逆向行驶等异常现象。

(三)严禁酒后驾驶

《中华人民共和国道路交通安全法》第九十一条规定:饮酒后驾驶营运机动车的,处十五日拘留,并处五千元罚款,吊销机动车驾驶证,五年内不得重新取得机动车驾驶证。

醉酒驾驶营运机动车的,由公安机关交通管理部门约束至酒醒,吊销机动车驾驶证,依法追究刑事责任;十年内不得重新取得机动车驾驶证,重新取得机动车驾驶证后,不得驾驶营运机动车。

饮酒后或者醉酒驾驶机动车发生重大交通事故,构成犯罪的,依法追究刑事责任,并由公安机关交通管理部门吊销机动车驾驶证,终生不得重新取得机动车驾驶证。

拒绝酒驾

二、服药对安全驾驶的影响

(一)什么是药驾

药驾是指驾驶员服用了某些可能影响行车安全的药物后依然驾驶车辆的现象。由于服用了这些药物之后,人体可能产生不同程度的不良反应,因而很容易酿成祸患。

世界卫生组织根据药剂科专家的临床经验,列出了7大类对安全驾驶产生影响的药物,并提醒人们在服用这几类药物后禁止驾车。这7大类药物分别是:抗组胺药,抗抑郁、焦虑类药,镇静催眠类药,解热镇痛药,抗高血压药,抗心绞痛类药和降血糖类药。

影响驾驶安全的7大类药物

1. 抗组胺药

代表：非那根、扑尔敏、赛赓啶、本海拉脱、安其敏等。这些药物通常会产生嗜睡、眩晕、头痛乏力、颤抖、耳鸣和幻觉等副作用。大多数感冒药都含有抗组胺类药物成分，服药时应注意看清成分说明。

2. 抗抑郁、焦虑类药

代表：丙咪嗪、多虑平等。服用此类药物后，病人会昏昏欲睡、不停打哈欠，从而无法正常驾驶车辆。

3. 镇静催眠类药

代表：安定、硝基安宁、本巴比妥等。服用此类药物后，病人会产生镇静、催眠和抗惊厥的效果。驾驶员行车之前24小时内应禁止服用此类药物。

4. 解热镇痛药

代表：阿司匹林、水杨酸钠、安乃近、非那西丁、氨基比林等。其常见的副作用是眩晕、耳鸣、听力减退等。一旦受这些副作用的影响，驾驶员的安全行车则难以保证。

5. 抗高血压药

代表：利血平、可安定、优降宁、硝普钠和甲基多巴等。其副作用主要表现为心悸、心绞痛和体位性低血压等，同时还会有头痛、眩晕和嗜睡等症状。这些副作用会降低驾驶员的注意力和反应灵敏度，增加发生交通事故的概率。

6. 抗心绞痛类药

代表：心得安、心痛定、消心痛、硝酸甘油制剂等。这些药物会扩张血管，从而导致头痛、视力不清、头晕乏力等，使得驾驶员难以集中注意，同时影响驾驶员的视野范围。

7. 降血糖类药

代表：优降糖、达美康等。这类药物能引起疲倦、头晕等不适，也在驾驶员需要注意服用的药物之列。

（二）驾驶员用药注意事项

为避免药驾导致的安全隐患，驾驶员患病时应谨慎用药。一般来说，应注意以下几点：

（1）到医院看病时，要向医生主动表明身份"我是职业驾驶员"，请医生尽量避免选用会对安全驾驶产生不良影响的上述7大类药物。若根据病情需要，必须服用这些药物时，应及时请假休息，待身体恢复健康后再驾驶车辆。

（2）到零售药店买药时，也要主动咨询药店里的执业药师，向他们寻求用药指导，不要自己随便买药服用。

（3）服药前应仔细阅读药品说明书，了解和掌握药品用量、禁忌症和副作用等方面的相关说明及要求，不可超剂量用药。

（4）服药期间如果出现异常，应避免驾驶车辆，以免发生交通意外。

拓展阅读

拒绝毒品

毒品通常是指能使人成瘾的药物。毒品的种类很多，包括鸦片、海洛因、吗啡、大麻、可卡因以及国家规定管制的其他能够使人成瘾癖的麻醉药品和精神药品。吸食毒品会对大脑神经造成伤害，导致吸食者出现幻视、幻听、精神分裂等症状。驾驶员吸食毒品会严重削弱驾驶能力，为恶性交通事故的发生埋下隐患。因此，职业驾驶员要深刻认识毒品的危害，坚决做到"防毒拒毒"。

拒绝毒驾

三、睡眠不足

睡眠是人的基本生理要求，人的一生中约1/3的时间要在睡眠中度过。在紧张劳作后，睡眠是自我修复的重要过程。相关统计资料表明，睡眠不足是导致交通事故的重要原因之一。对于驾驶员而言，睡眠健康尤为重要，平时应留心关注自身的睡眠状况，科学管理睡眠，确保良好的睡眠，从而有效避免驾驶疲劳。

（一）影响安全驾驶的常见睡眠问题

1. 睡眠呼吸暂停综合征

睡眠呼吸暂停综合征，也叫睡眠窒息征，是一种睡眠时呼吸停止的睡眠障碍，表现为鼾声不规则，时断时续，病情较重时夜间常常出现憋气，甚至突然坐起、大汗淋漓，有濒死感。

患睡眠呼吸暂停综合征的驾驶员，次日起床都是无精打采的。他们白天会出现不可控的嗜睡，注意很难集中，在驾驶室都能睡着。即使没睡着，其判断速度也比正常人慢，反应能力下降，对突发事件不能快速做出判断并及时采取措施。此外，他们还表现为急躁、易怒，容易强行超车。睡眠呼吸暂停综合征已成为导致交通事故的常见原因。

2. 失眠

失眠的常见症状是入睡困难、睡眠质量下降和睡眠时间减少，记忆力、注意力下降等。我国成年人失眠的诊断标准包括以下三个方面：①入睡困难，入睡时间超过30分钟；②睡眠质量下降，睡眠维持障碍，整夜觉醒次数超过2次，伴随早醒等表现；③每天睡眠时间通常少于6小时。

睡眠不足会导致驾驶员身体疲倦，动作不协调，其视觉、听觉及四肢运动操作将失去灵活性，直接影响到安全驾驶，随时可能发生交通事故。

（二）怎样提高睡眠质量

1. 保持规律作息

人人都要遵循正常睡眠的基本规律，如果这种最基本的规律出现紊乱，人的心理和生理都会生病。我们每天应按时睡觉，按时起床。若躺在床上翻来覆去睡不着，可以做深呼吸或其他放松训练，这时不能打开电脑或者玩手机，不然会增加脑力负担，进一步影响睡眠。

2. 心理疏导

失眠是心理亚健康的基本生理症状之一，改善睡眠本质上是心理健康的改善。心理疏导的主要目标是舒缓心理压力。认知合理化、生活态度合理化、价值观的梳理等，都可以达到减压的效果，睡眠随之会得到改善。

3. 物理调节

适当的运动可以调节植物神经功能，改善睡眠。运动也是一种有效的心理减压方式。尤其是在下午或者傍晚，甚至在晚间进行适度合理的体能运动，是有助眠功效的。按摩、瑜伽等都可以归于此类。但睡前1小时内，则不适合做剧烈运动。

4. 食物调理

很多食物，如黄花菜、酸枣仁、洋葱、大蒜、葡萄干、龙眼、莲子、牛奶等，都有助眠的功效，在失眠不严重的情况下，不妨可以用这些食物试着调理一下。

5. 正确认识和治疗失眠

一方面，失眠其实是生活中一件很正常的事情，绝大多数人都遭遇过失眠，为此不要给予自己心理压力。另一方面，失眠会对驾驶员的身心健康和安全驾驶产生不良影响，为此要积极应对，及时进行自我调节；如果已经尝试过很多方法都没有效果的话，可以寻求专业心理咨询师或精神科医生的帮助。

第三节 吃出来的快乐——饮食营养与心理健康

大脑对生化失调和营养缺乏的敏感性，远远超过身体的任何一个器官。

——《营养圣经》

> **低血糖与交通事故相关研究**
>
> 奥地利的医生们在化验交通责任事故驾驶员的血液成分时，发现他们的血液中含糖量明显偏低。有学者认为，血液里缺糖，会引起血管狭窄，导致注意不集中。通过使用自动练习设备做实验，发现那些实验前24小时没有吃糖的驾驶员，比吃了各种甜食的驾驶员反应迟钝得多。因此，医生们建议，长途汽车驾驶员要随身携带含糖或淀粉的食物，这有助于减少交通事故。当然，这类食物不宜吃得太多，以免引起肥胖和糖尿病。

上述案例证明，驾驶员营养不良也会导致交通事故。驾驶员要注意饮食搭配，维护好身心健康，才能保证安全驾驶。

一、营养缺乏和生化失调带来的心理健康问题

由于工作原因，部分驾驶员难以保证用餐时间规律和营养平衡，这会对身心健康造成不利影响。人的大脑对营养缺乏和生化失调的敏感性，远远超过身体的其他任何一个器官。此外，抗营养因子（指破坏或阻碍营养成分消化吸收的物质）的过量食用，也可能引起心理健康问题。

常见的容易导致心理问题的营养缺乏和生化失调有下列几种类型：

1. 血糖失调

血糖水平波动，也称血糖代谢失调，是导致心理问题的众多生化失调情况中最为常见的一种。主要表现症状有：注意难以集中、心悸、头晕眼花或发抖、多汗或盗汗、经

常口渴、慢性疲劳、健忘或易把事情混淆、有抑郁倾向、焦虑和易怒、频繁发生情绪波动、嗜甜食或刺激性食物、饭后昏昏欲睡。如果你出现其中5个以上症状，说明你很可能有血糖代谢障碍。

平衡血糖的主要办法有：少吃甜食（如糖、咖啡和巧克力）；早餐要多吃富含蛋白质的食物（如牛奶和鸡蛋），午餐和晚餐最好以燕麦为主食，再加上蔬菜和水果。每天添加一片复合维生素，维生素C、B族维生素和矿物质镁、铬都可以帮助调节血糖水平。

2. 维生素 B_3、B_6、B_9 或 B_{12} 缺乏

这四种B族维生素是大脑最好的朋友。如果缺乏这些必需的B族维生素，大脑会产生令人狂躁的化学物质，并表现出以下症状：焦虑、紧张、不能冷静地思考、多疑、对疼痛有较强的忍耐力、听觉和视觉异常、腹泻和皮肤问题、有体重增加的趋势、频繁的情绪波动等。假如你出现其中5个以上症状，则应当增加这些B族维生素的摄入量。

3. 必需脂肪酸缺乏和不平衡

如果除去水分，人的大脑60%是脂肪。如果你出现过度口渴、慢性疲劳、皮肤干燥粗糙、毛发干燥、脱皮或有头皮屑、湿疹、哮喘或关节疼痛、诵读困难或学习困难、多动症、抑郁症或狂躁抑郁症、精神分裂症等其中5个以上症状，则最好做一个血液检查来确定体内的必需脂肪酸状况。日常生活中，我们要多吃一些植物种子和深海鱼类，保证必需脂肪酸的摄入。

4. 5-羟色胺缺乏

有心理问题的人中，5-羟色胺的缺乏最为普遍。5-羟色胺水平较低的人更容易发生抑郁、冲动、酗酒、自杀、攻击及暴力行为。如果你有以上这些症状，则说明你的5-羟色胺水平偏低，需要到专业医院进行诊治。日常生活中，要注意补充维生素C和B族维生素，多晒太阳，多运动。

人体需要补充的B族维生素

人体需要的B族维生素主要有：维生素B_1、维生素B_2、维生素B_5、维生素B_6、维生素B_{12}和叶酸等。由于多余的B族维生素不会贮藏于体内，而是会完全排出体外，因此，人体必须每天补充B族维生素。

维生素B_1：可促进血液循环、糖类代谢，有助于人体感知、活跃大脑。来源于蔬菜、水果、谷物、肉制品、坚果等。

维生素B_2：有利于红细胞的形成，可缓解眼睛疲劳。动物内脏（尤其是肝脏）中含量丰富，其他植物性食物（如蘑菇、海带、紫菜等）中含量也较丰富。

维生素B_6：是机体内许多重要酶系统的辅酶，参与多种代谢反应。动物性和植物性食物中含量较少，酵母粉中含量最多，米糠和大米中含量也较丰富。

维生素B_{12}：是抗贫血所需的，也有防止神经损伤、促进正常的生长发育等作用。高等植物不能制造维生素B_{12}，只有在动物性食物中才含有，如动物的肝脏、肉类、蛋类、牡蛎、乳制品中含量较丰富。

维生素B_9：也叫叶酸，广泛存在于绿色蔬菜、新鲜水果、肉制品、豆类、坚果类和谷物类等食物中。猕猴桃中含有高达8%的叶酸，有"天然叶酸大户"之美誉。

维生素B_3、维生素B_5、维生素B_7：主要来自胡萝卜、香蕉、麦胚、酵母、蛋黄、动物肝肾、肉、奶、大豆、谷类、花生、胡桃、核桃等食物。

二、通过最佳营养提高心理素质

1. 改善智力、记忆力和情绪

尽管智力有很明显的遗传性，但大脑和神经系统作为我们智力的"硬件"，是需要通过营养素来获取能量的。所以，我们平时的食物也会对它们产生影响。大部分人都可以通过摄入最佳营养，使思考更敏捷，精力集中的时间更长。

摄入最佳的必需脂肪酸，特别是Omega-3脂肪酸（深海鱼油），可以改善智力、减少暴力和改善情绪。摄入适量的优质蛋白质，可以改善情绪和记忆力、提高智力、增强体力。

然而，也有一些物质（如酒精、咖啡因、糖等）会降低我们的智力。此外，摄入过多的酒精、咖啡因和糖，还会导致暴力行为、焦虑、多动症、注意障碍。重金属如铅、镉以及铝均可在大脑中沉积，这些物质一旦摄入过多，也会降低我们的智力、注意力、记忆力和控制力。

驾驶员一日三餐建议

现代营养学家研究成果表明，一日三餐的热量分配比例应是：早餐占30%~35%，中餐占40%，晚餐不超过30%。驾驶员应科学合理地安排一日三餐，保持营养平衡，维护身体健康，确保行车安全。

1. 早餐。建议多吃蛋白质含量高、富含热量的食物，如豆制品、花生米、牛奶、鸡蛋等，这样可使血糖保持较高水平，驾驶车辆时精力充沛，动作协调。

2. 午餐。尤其是承担长途运输任务的驾驶员，建议在行车前备好少许食品、饮料供中途食用；饮食应营养搭配，不暴饮暴食；午餐后应稍事休息，不可立即行车，以利于食物消化。

3. 晚餐。需要做到：一要清淡，忌油腻，以蔬菜、豆制品为主，搭配少量瘦肉、鲜蛋、鱼类，尽量不吃肥肉、煎炸及其他高热量的食物；二要节制饮食，以七八分饱为宜，且不可餐后即睡，一般最少2~3小时后再睡。

2. 提升精力和抗压能力

有些驾驶员为了提升精力，应对生活压力，求助于高糖食品、咖啡、香烟，或者大吃大喝，这些可以使你在短时间内精力充沛，但从长远来看，这些做法可能会损害你的健康，让你未老先衰。如果你想改变这样的状况，可以先从改变饮食开始。

虽然驾驶员的就餐条件有限，但还是可以采取一些有效的饮食营养方案，来提升精力和抗压能力，防止疲劳驾驶。在日常工作和生活中，膳食宜选择易消化、营养价值高的食品；多吃含维生素A、C、B_1、B_2的食物，可以防止眼睛干燥、疲劳，减少夜盲症的发生；多吃富含粗纤维的食物，可以增强胃、肠的蠕动，防止便秘和痔疮；多吃含钙量较高的食物，可以减轻驾驶中的焦虑和烦躁感；饭量以七八分饱为好，勿暴饮暴食；每餐间隔时间5~6小时为宜，尽量做到定时就餐，切忌饥一顿、饱一顿；饮食应细软，不要狼吞虎咽，也不要只吃干食，适量喝汤有助于消化。

假如你遇到了难题、思虑过度或紧张不安，甚至严重失眠，不妨在睡觉前吃点香蕉、喝点脱脂牛奶或加蜂蜜的燕麦粥，这些香甜可口的食物会帮助你顺利入眠，且能让你睡得更安稳。

平衡膳食宝塔

平衡膳食宝塔共分5层，包含每人每天应吃的主要食物种类。宝塔各层位置和面积不同，这在一定程度上反映出各类食物在膳食中的地位和应占的比重。

1. 谷类、薯类和杂豆类食物位于底层，每天应吃250～400克。
2. 蔬菜和水果居第二层，每天应吃200～500克。
3. 鱼、禽、畜肉、蛋等动物性食物位于第三层，每天应吃125～225克(其中，鱼类50～100克，禽畜肉类50～75克，蛋类25～50克)。
4. 奶类和豆类（黄豆）食物位于第四层，每天应吃相当于鲜奶300克的奶类及奶制品，以及相当于干豆30～50克的大豆及其制品。
5. 第五层塔顶是烹调油和食盐，每天烹调油不超过25～30克，食盐不超过6克。

此外，每天喝水不少于1500毫升，步行不少于6000步。

营养平衡膳食

餐桌上的心理卫生

1. 吃饭前要尽量保持心情愉快，排除心中的不悦，不去想一时难以解决的矛盾，更不要谈论不愉快的事。
2. 尽量将进餐环境布置得洁净、安静一些，切莫杂乱、肮脏，并要避开噪声，否则会引起心绪烦躁，不利于食物的消化。
3. 情绪不好时，要尽量避免进食，应该等到情绪好转时再进餐。
4. 进餐时不要看书、看电视、看手机，可播放一些悦耳且柔和的轻音乐，但注意音量不宜过大。
5. 进餐时不要争辩问题，更不要争得面红耳赤。

参考文献

[1] 孙云，柏松平，李鹏. 客运汽车驾驶员心理素质研究[M]. 北京：人民交通出版社，2014.

[2] 邓代玉. 做一个快乐的职业人[M]. 北京：机械工业出版社，2009.

[3] 胡荣刚. 道路客货危运输驾驶员继续教育教程[M]. 成都：西南交通大学出版社，2015.

[4] 克里斯托弗·彼得森. 积极心理学[M]. 徐红，译. 北京：群言出版社，2010.

[5] 徐鸿，廖怀高，徐建奇，等. 交通安全心理学——从人的心理看如何预防汽车交通事故[M]. 成都：西南交通大学出版社，2010.

[6] 刘志宏. 汽车驾驶员安全行车心理[M]. 济南：黄河出版社，2004.

[7] 肖艳，张艳琴. 驾驶员保健必读[M]. 北京：人民邮电出版社，2008.

[8] 辽宁省交通厅运输管理局. 旅客运输汽车驾驶员培训教材[M]. 沈阳：辽宁科学技术出版社，2014.

[9] 赵姝. 驾驶员危险感知测评系统研究[D]. 成都：西南交通大学，2015.

[10] 林建明. 浅析驾驶员心理情绪对行车安全的影响[J]. 科学导报，2014(15)：117-118.

[11] 朱伟明. 安全驾驶心理常识[M]. 上海：上海科学普及出版社，2003.

[12] 赵卫兴，高岩，陈鹰. 我国酒后驾驶现状及影响分析的相关研究[J]. 中国公共安全：智能交通，2006(07)：84-89.

[13] 范士儒. 交通心理学教程[M]. 北京：中国人民公安大学出版社，2007.

[14] 陆玉楼. 浅谈驾驶员心理与安全行车[J]. 中国信息化，2013(06)：417.

[15] 郑东鹏，蒋祖华，章倩. 驾驶员风险驾驶行为及影响因素分析[J]. 人类工效学，2014(01)：20-25.

[16] 章春晓，蒋刚华，杨晶. 药物对驾驶员的影响[J]. 中国疗养医学，2013，22(01)：93-94.

[17] 刘德良. 职业司机的现代综合征[J]. 驾驶园，2009(06)：110-111.

[18] 肖艳. 汽车驾驶员常见职业病及预防[J]. 劳动保护，2008(02)：118-119.

[19] 宝石峪. 驾驶员不良习惯影响驾车安全[J]. 汽车运用，2007(03)：41.

[20] 车勇，袁志业. 药物的服用对驾驶工作的影响[J]. 汽车实用技术，2003(06)：56-57.

[21] 常若松. 汽车驾驶员安全心理学手册[M]. 北京：人民交通出版社，2014.

[22] 柏松平，张亮，孙云. 道路交通事故心理援助[M]. 北京：人民交通出版社，2013.

[23] 孙云，高天培，林华. 道路交通事故的心理援助策略研究[J]. 职业时空，2013(11)：122-125.